非常文案
如何写出有营销力的文案

黄成南◎著

机械工业出版社
CHINA MACHINE PRESS

本书是针对非广告专业人士的营销型文案写作书籍，系统且全面，将文案技巧和营销策略完美结合，让文案更具营销力、更具影响力、更打动人心。作者首创了"框架设计+模块调用+总装优化"文案写作理论，将文案写作框架化、模块化，实战性和可模仿性很强，可以做到用什么学什么，学什么用什么，方法简单、高效。

图书在版编目（CIP）数据

非常文案：如何写出有营销力的文案 / 黄成南著 . —北京：机械工业出版社，2018.12（2019.10重印）
ISBN 978-7-111-61756-3

Ⅰ.①非… Ⅱ.①黄… Ⅲ.①市场营销学 – 文书 – 写作 Ⅳ.① H152.3

中国版本图书馆 CIP 数据核字（2018）第 293659 号

机械工业出版社（北京市百万庄大街 22 号 邮政编码 100037）
策划编辑：刘怡丹 责任编辑：刘怡丹
责任印制：张 博 责任校对：梁 倩
三河市宏达印刷有限公司印刷
2019 年 10 月第 1 版第 3 次印刷
170mm × 242mm · 13.75 印张 · 179 千字
标准书号：ISBN 978-7-111-61756-3
定价：49.00 元

凡购本书，如有缺页、倒页、脱页，由本社发行部调换

电话服务	网络服务
服务咨询热线：010-88361066	机 工 官 网：www.cmpbook.com
读者购书热线：010-68326294	机 工 官 博：weibo.com/cmp1952
010-88379203	金 书 网：www.golden-book.com
封面无防伪标均为盗版	教育服务网：www.cmpedu.com

序一 成就一个无限可能的人生

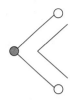

在电影艺术里有一个词叫作反转，意思是当观众以惯性思维来判断人物角色和情节发展时，结果却出乎意料、大相径庭。巧妙的反转设计令电影跌宕起伏、精彩纷呈。其实，真实世界的反转远比电影中更加生动深刻、耐人寻味。

初次见到本书作者阿南是在一家公司的会议上，他受邀作为电商领域的营销推广专家为公司定制营销方案，一件体恤、牛仔裤外加双肩背包，浑身散发着浓郁的"码农"气息，这与我们印象中西装革履、能言善辩的营销精英截然不同。大家在讨论时，阿南细心聆听且并不插话，直到受邀发言，他在简短的时间里阐述方案，逻辑清晰、见地高远、言之有据。他制定的营销策略建立在系统、精确的大数据基础之上，让与会者对达成目标信心十足，大家对他的能力赞赏有加。阿南仅用了 10 分钟就成功反转，征服了在座的所有人。

阿南是个性十足的"奇葩"，兼具理想主义者的人文情怀和理工男的理性专注，从航空人到程序人，从程序人到电商平台的营销人，他的成长是不断挑战自我，开发自身无限潜能的过程。这个世界从不缺少优秀的人，缺的是敢于告别过去的成功，继续拼搏奋进的人！硅谷天才马斯克创建了从支付领域的贝宝到特斯拉电动车这样的世界级企业。他数次跨界、名利双收，本可以停下脚步享受人生，但他再次创业，倾其所有去实现他儿时的梦想——登上火星，虽然历尽磨难、受尽嘲讽却始终不渝。2018 年 2 月，马斯克的火箭升空，震惊世界！漫画家大卫在《11 辈子》中说过，你只能活一次，这句话是错误的。一个人精通一项技能，大约只需要 7 年时间，如果活到 88 岁，那么一生就有 11 次成为"大师"的机会。

永远不要停下前进的脚步，你的一生本该有无限的可能，这或许就是阿南在书籍之外带给读者的启示和财富。

金岩　导演、影视人

2018 年 9 月于北京

序二 此"文案"非彼"文案"

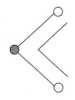

　　传统广告文案的关注点是消费者与产品的关系，通过大众媒体的信息传达，达成"我想要"的广告效果，以此来激发消费冲动。新时代的广告文案则需要关注购买与消费的场景，通过社交媒体的参与分享，达到"我就是"的广告效果，使消费者参与其中、乐在其中。

　　阅读黄成南先生的新作《非常文案：如何写出有营销力的文案》，书香中新时代的气息扑面而来，深感此"文案"非彼"文案"。这是一部非广告专业人士写作的图书；非广告专业背景的精英加入广告行业，往往能够带来新的风尚。

　　黄成南先生曾是大学中的"学霸"，几乎拿遍了所有奖学金，担任过党支部书记和班长。毕业后加入了国内最大的通用飞机公司从事航空电子方面的工作。之后辞职创业，在深圳创办了两家公司，从事写程序、做培训、写文案等工作，帮助众多客户成就了一些"小奇迹"。

　　这是一部写给非广告专业人士的书。当下能够让非广告专业人士读得懂、用得上的文案写作书籍并不多。黄成南先生采用跨界思维，结合飞机设计原理、程序设计原理和文案创作技巧，创立了"框架设计＋模块调用＋总装优化"的文案写作理论，将文案写作系统化、框架化、模块化、聊天化、简单化、实战化，尤其适合创业者、企业老板、运营者、营销者、店家、网商、自媒体人等非广告专业人士学习。

　　我作为一名常年从事营销运营的广告人，每天都在与同事研讨如何更好地写文案、编辑文案。尽管大家深知"真诚"是写好广告文案的精髓，但我发现对于新入职的年轻人来讲，仅有"真诚"是远远不够的。他们不知道如何去设计文案框架，不知道如何把想法变成文字，不知道如何让文案更具营销力。

在本书中，黄成南先生满怀真诚分享了他的文案经验与文案策略，并通过简单填空与模块调用方式帮助读者举一反三、融会贯通。掌握了这套独特、高效的文案写作方法，便可快速提升文案写作水平。

在自媒体的时代，每家公司都需要能够落地的文案。我的一位朋友欣喜地告诉我，运用黄成南先生的"非常文案"已经使她成立六年却徘徊不前的公司业绩冲到了知名电商平台同类产品销售前五名的位置，此"文案"非彼"文案"。

刘彦臣　中国传媒大学博士后流动站研究人员

北京慈方医院管理有限公司董事

前　言

　　这是一本实战型的文案写作指导书籍，书中不谈空洞的理论，都是实战经验。书中包含大量"拿来就能用"的案例。对有心的读者而言，这本书就好比一座金矿，能挖掘多少完全取决于读者的努力程度。

　　对于非广告专业人士而言，写作文案中最头疼的三个问题就是：不知道如何设计文案框架，不知道如何把想法变成文字，不知道如何让文案更有营销力。为解决这些问题，我总结出这套文案写作理论，它结合六年一线文案实战经验，它没有繁杂的专业术语，它几乎适合任何人学习，它就是：非常文案理论。这套理论把文案写作框架化、模块化、简单化，不管读者是专业人士还是非专业人士，都可以从中受益。这套非常文案理论可以帮助读者运用文案的强大力量，传播想法或者销售产品，影响更多的潜在人群，让文案拥有更高的回应率。

> 　　非常文案理论 = 框架设计 + 模块调用 + 总装优化 + 聊天式写作 + 文案诊断 + 文案策略。

　　此公式为本书指导文案写作的学习思路，这套理论源自两段经历：飞机设计公司经历和程序编写经历。我以前在国内一家飞机设计公司上班，飞机很复杂、很高端，它采用"部装 + 总装"的方式进行设计和生产，这段经历让我记住了两个关键词：部装和总装。另一段经历是程序编写，我写过智能家居的程序、智能车的程序、无人机采集视频的程序、物联网定位的程序，设计过网站，也设计过软件。我时常在问自己，我并不是专业程序员，究竟是什么力量让我能够设计出复杂而高效的程序？答案是：框架设计和模块调用。

后来，在准备设计文案课程体系的时候，我开始思考，能否让文案写作不靠灵感靠框架？文案能否也可以用飞机设计和程序设计背后那套化繁为简的理念来完成？答案是肯定的。我便将文案写作心得和之前的从业经历结合起来，创造出了文案写作理论，帮助他人更简单、更高效地掌握文案技能，运用这套理论写作文案、传播思想或者销售产品。

文案的重要性不言而喻，一篇优质的文案可以拯救一款产品甚至一家公司！不管是创业者、中小企业老板还是广告人、运营者、推广者、营销者……都可以从这项技能中获益。文案是当今时代很重要的营销技能，也将会变成下一个十年不可或缺的核心竞争技能之一。

本书是指导广大读者朋友写出有营销力文案的专业书籍。通过深入学习，不仅能写出营销文案，还能在学习其他类型文案时更加得心应手。就好比掌握了一栋别墅的建造技能，那么搭建小木屋将会变得更加简单。

期待您的文案作品！

阿南（黄成南）

2018 年 8 月 28 日

本书阅读指导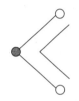

非常文案理论的核心内容是：框架设计、模块调用、总装优化。当有文案写作需求的时候，文案写作者应该按照框架设计—模块调用—总装优化的顺序来完成文案写作任务。

一篇优质的文案更像是一桌满汉全席，一个文案模块好比一道菜。满汉全席由许多不同的菜式组成，每一道菜之间没有直接、必然的逻辑关系，不同的人喜欢不同的菜式。非常文案也是如此，每一个模块发挥不同的功能特点，不同的目标群体特征决定了不同模块的取舍。

每一个模块既可以单独使用，也可以组合使用。在书中，文案框架设计、文案模块调用、文案总装优化、聊天式写作、文案诊断、文案策略这六个部分涵盖了"非常文案"的写作精髓。

本书前半部分讲述文案写作技巧，后半部分讲述文案写作策略，技巧和策略相结合方能如虎添翼。最后提示一下，在30个文案模块中，每一个模块都包含多种写作方法，在进行某个具体文案创作时，只需挑选 1 ~ 3 种合适的模块加以运用即可。

目　录

第1部分　走近非常文案

 非常文案的力量 // 3

> 　　一篇优质的文案，可以拯救一款产品，甚至是一家公司，因为它能将回应率提升2～3倍，甚至更多。通过系统的学习和训练，我们可以掌握写出有营销力文案的技巧。

第 2 章　非常文案写作准备 // 8

在写作一篇文案之前，需要做一些准备工作，要充分了解读者、了解产品。对潜在人群和产品的了解程度决定了文案的质量，好的素材可以让文案写作更加得心应手。

第 2 部分　非常文案方法论

第 3 章　非常文案之模块调用 // 19

本章中提供的 30 个文案基础模块为文案写作时的常用模块。每一个模块对应一种文案写作技巧，文案写作者根据不同的功能需求调用不同的模块，可以单独使用，也可以组合使用。

第4章 **非常文案之框架设计 //101**

　　本章列举了10个不同行业的文案框架，根据不同行业的特点，选用不同的文案模块组合而成，供文案写作者参考和借鉴。学会举一反三，方可更加快速、高效地完成文案写作任务。

第 5 章　非常文案之总装优化 //118

　　设计好文案框架，调用所需模块，填充内容并完成初稿，然后再经过总装优化，让文案变得更加完整、专业和美观，让文案拥有更强的吸引力、得到更高的回应率。

第 3 部分　非常思维　非常文案

第 6 章　非常文案诊断流程 //139

> 写作好的文案没有达到预定的回应率怎么办？通过这套文案诊断的方法，让你懂得如何去分析问题，改进文案。

第 7 章　非常文案应用场景 //145

> 如何根据不同平台媒介和不同应用场景的特点设计出精彩的文案？
>
> 本章讲解"框架设计＋模块调用＋总装优化"写作理论的经典应用。

第8章　非常文案高手策略 //173

文案新手和文案高手的区别在哪里？本章揭示文案高手们是如何玩转文案的，如何使每一个文案策略都价值连城。

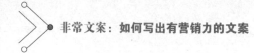

第 1 部分

走近非常文案

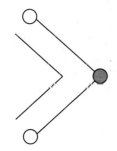

第1章
非常文案的力量

一篇优质的文案，可以拯救一款产品，甚至是一家公司，因为它能将回应率提升 2 ~ 3 倍，甚至更多。通过系统的学习和训练，我们可以掌握写出有营销力文案的技巧。

1.1 改变世界的力量

街头乞讨

在街头的一个角落，有一个单腿残疾的老先生拿着口琴在不停地吹奏歌曲。在他正前方放着一张写着"帮帮我，我身患疾病，生活困难"的纸板，身旁还放着一个破旧的铁碗。一天下来，也没有几个路人愿意帮助老先生。

有一天，一位从事文案工作的年轻人路过此处，打算给这个老先生10元钱时他发现铁碗里只有可怜巴巴的3个1元硬币，于是他决定帮助老先生。他把纸板翻过来，拿出包里的笔写下："我多么想在有生之年再回老家一次，虽然家很近，但一副假肢却很贵！"

此后，这个老先生得到的帮助比以往更多了。

同样一件事，因为写法的不同，产生的效果也不同，这就是文案的力量。文案可以把普通变得特别，文案可以把平凡变得伟大，文案可以改变周边世界。如下图所示，文案的力量已不可小觑。

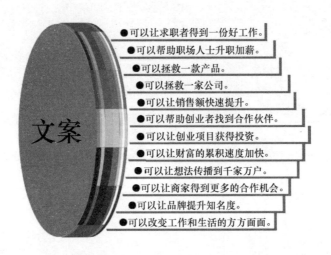

文案
- 可以让求职者得到一份好工作。
- 可以帮助职场人士升职加薪。
- 可以拯救一款产品。
- 可以拯救一家公司。
- 可以让销售额快速提升。
- 可以帮助创业者找到合作伙伴。
- 可以让创业项目获得投资。
- 可以让财富的累积速度加快。
- 可以让想法传播到千家万户。
- 可以让商家得到更多的合作机会。
- 可以让品牌提升知名度。
- 可以改变工作和生活的方方面面。

正如开头案例所述，改变文字，改变结果，改变人生。文案具有改变世界的力量！尤其是在产品销售和品牌推广方面，有过太多这样的案例。

每家公司都应该重视文案工作，尤其是营销型文案方面，因为公司都离不开营销和推广，都需要文案落地。甚至，每一家公司都应该设定一个部门，叫作营销型文案部门。新媒体的时代，已经把文案写作能力推到了至关重要的位置了，文案写作将会成为未来十年重要的营销技能之一。

1.2　非常文案的标准

右图即非常文案的标准。一篇文案的成功，不仅仅是文字的功劳。假设，文案写作者计划写一篇美白护肤产品的文案，然后去投放广告，且仅有一周的时间来完成。在这段时间内，写作者的文字功底几乎是同样的水平，并没有提升，写作者的广告创意水平，也无法在短时间内提高。

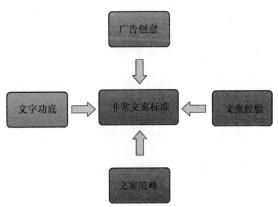

那么，将如何提高文案的回应率呢？

按照非常文案标准公式，在文字功底和广告创意不变的情况下，写作者可以吸收别人的文案经验，或者使用文案策略，从而提高文案的回应率。

写作者可以通过各种渠道吸收行家的文案经验，即使自己没有亲身测试过，也无须担心。比如，搜索如何快速排版文案的技巧，借鉴这些技巧之后，文案就会显得更加美观和专业，自然能提升文案的回应率。

此外，写作者还可以运用一些文案策略。比如，"零风险承诺""七天内没效果全额退款""两步法策略""大量赠品策略""免费策略"等，这些文案策略可让文案回应率在短时间内得到提升。综上，文案写作者要想提高文案回应率，可以从以下四个方面入手：

● 多练习多实践，提高自己的"文字功底"。

● 多阅读多思考，拥有更多的"广告创意"。

● 多学习多交流，学到更多"文案经验"，掌握更多"文案策略"。

如果条件不允许，可以先提高以上四个指标中的一个。在本书中，主要讲解的是文案经验和文案策略，因为这两方面的技能可以快速学习和运用，提升效果也比较突出。

1.3　非常文案能否短期学会

非常文案标准＝文字功底＋广告创意＋文案经验＋文案策略。决定文案标准的四个因素中，文字功底和广告创意无法在短时间内提高。如果想在短时间内提高文案创作能力，那么只能从文案经验和文案策略入手，这两部分可以在短时间内提高，学习了就能运用，运用了就能看到效果。

文字功底，就是人们常说的文采、文笔，这部分能体现写作者的写作风格。有的人写的文字很有穿透性、很有感染力，用词恰到好处，妙笔生辉，文采奕奕，他们写的文案不会差。不过，要想在短时间内提高文字功底，显然不太可能。

至于广告创意方面，也很难在短时间内提高。像杜蕾斯的广告，很多都是跟一些网络时事热点有关，写作者们能迅速捕捉到热点，并且总是能跟自己的产品联系到一起，创作文案。这就需要极强的创意方面的天赋，天赋不可以在短时间内提高，甚至不可以通过训练提高，天赋与生俱来。

既然文字功底和广告创意无法在短时间内提高，那么文案写作者如何才可以在短时间内提高综合文案实力呢？寻求答案之前不妨先回顾一下非常文案标准公式：文字功底＋广告创意＋文案经验＋文案策略＝非常文案标准。

> 答案就是：
>
> 掌握"文案经验"和学习"文案策略"，
>
> 因为这两部分可以在短时间内习得，从而提高文案实力。

文案经验可以通过自己的实践获得，也可以吸收行家的经验。获取别人的文案经验，才是最快速得到写作经验的途径，因为有些经验已经被证明有效，无须写作者们再一一验证。

同理，别人的文案经验也可以直接获取、直接吸收、直接运用。多看与专业相关的书籍，多和行家交流，多分析别人的案例，多听别人的总结，这就是最好的获取文案经验的办法。本书也介绍了许多实用、有效的文案写作经验。

除此之外，还有一个方面，写作者可以在短时间内提高，那就是文案策略。策略可以模仿和学习，在本书的后续章节中，会讲到20条常用的文案策略，文案写作者可以将其快速运用到文案写作中，让文案瞬间威力倍增。

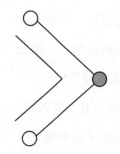

第 2 章
非常文案写作准备

在写作一篇文案之前，需要做一些准备工作，要充分了解读者、了解产品。对潜在人群和产品的了解程度决定了文案的质量，好的素材可以让文案写作更加得心应手。

2.1 目标人群画像

很多文案写作者写着写着就忘记了文案是为谁而写，忘记了哪些内容才是目标读者最关心的。文案写作者在写作过程中，应该时刻在脑海中呈现出目标读者的精准画像，这样才能让整篇文案更聚焦。

在网络时代，读者的一切行为在文案写作者面前似乎是透明的，文案写作者们开始利用数据来为产品做营销推广服务，写出更能打动人心的文案作品。因此"目标人群画像"这款工具呼之而出。这是文案写作的基本准备工作，写作者需要充分了解目标人群和产品。因为写作者对目标人群和产品的了解程度直接决定了文案的质量。即使不是专业文案写作者，如果能充分地了解目标人群和产品，写出来的文案也会精彩出众。

目标人群画像可以使文案更加聚焦，更有针对性。目标人群越是多样，文案的共鸣度越低。换言之，如果这篇文案是适合每一个人的，其实它是为最低的标准服务的，是一篇通用型文案，这样的文案会毫无特色、平淡无奇。

一篇能打动人心的文案，往往是针对特定人群而写作的，人群越具体，特征越明确，写出来的文案就越有针对性，能引起目标人群的共鸣。如果产品面向多种不同的目标人群，有条件的话，应该为不同的群体写作不同的文案，不要指望一篇文案打动所有人群。

在写作之前，建议填写这样图表，它有助于你在写作的过程中提醒自己，务必时刻围绕着目标人群来写作。这张表格上的信息并不需要写到文案中，仅助于写作者了解目标人群的特征。

目标人群画像		
个人信息	**工作信息**	**问题分析**
年龄范围：	职业特点：	渴望什么：
收入情况：	上班环境：	烦恼什么：
居住环境：	工作时间：	同行情况：
家庭情况：	工作压力：	是否紧迫：
兴趣爱好：	业余安排：	愿意尝试：
其他特点：	同事朋友：	消费能力：

2.2　产品功能清单

产品功能清单包括：

● 产品功能特点的清单。

● 能解决具体问题的清单。

● 在各个场景下使用的清单。

把以上三点的答案填写到以下表格中，写得越多越好，越详细越好。请站在目标人群的角度，查找这三个问题的答案。客户最后购买的是产品或服务，他们最关心这份清单，因为这些都与他们的切身利益相关。

产品功能清单			
	功能特点	解决问题	使用场景
选项1：			
选项2：			
选项3：			
选项4：			
选项5：			
选项6：			
选项7：			
选项8：			
选项9：			
选项10：			

以上所记录下来的这份清单，将会成为文案写作者写作时用到的宝贵素材。文案也是一种作品，需要创作，创作就需要素材，素材准备得越充分，写作就越得心应手，事半功倍。

关于目标人群的分析，有一些素材并没有直接用到文案写作上，但是，当文案写作者按照这个过程一个一个地思考问题，并且认真回答每一个关于目标人群问题的时候，便是在理清思路。他们在大脑中重塑目标人群画像，以期更加了解阅读文案的目标人群。可以说，写作者越了解客户，越了解产品，越能写出易让人产生共鸣、高回应率的文案！

2.3 聊天式的写作

学习文案写作的初学者可能会有所顾虑："看到书中有许许多多的文案写作技巧，可是作为一个非专业的文案初学者，不知道如何组织语言，不知道能否在短时间内写好一篇文案。"

回答是肯定的："能！"有一种能够快速把想法变成文字的文案写作方式，它几乎适合所有人学习，而且这种写作方式还很有效，它在文案中展现出来的影响力不亚于传统的文案写作方式。初学者可以在短时间内掌握这种独特的文案写作风格，它就是聊天式文案写作。

之所以推荐这种写作风格，是因为它简单，只要会说话就能将想法变成文案。因为它有效，在笔者多年的写作中，大部分都是采用这种写作方式。

以下用示例来进行说明。

举例：一款披肩按摩器的两种描述

普通描述如下：

● 独特的自动按摩功能……

● 符合人体学结构……

● 款式新颖独特……

● 专利功能……

● 内置充电电池……

聊天式风格描述如下：

假设你正在办公室，双手在不停地敲击键盘；你每天都要处理大量的文件，导致颈肩部位无比疲劳。如果能有一位按摩师为你提供服务，那该多好啊。

现在，我为你推荐这款专利产品，内置电池，体积小巧；它在不影响你工作的同时，自动帮你按摩颈部和肩部；它符合人体学结构设计理论，让你的每一寸肌肉都能感觉到轻松；它胜过按摩师的双手；它可以 24 小时自动工作……

这个例子采用的就是聊天式文案写作风格，这种写作风格的特点是既通俗易懂又能拉近与读者的距离，聊天式写作是最为简单的文字表达形式之一，易学、易用、易提高。

良好的沟通氛围

利用文案产生共鸣的前提是有一个良好的沟通交流氛围。不妨设想一下，一位老师在说服一名学生的时候会采用什么形式？一位老板在说服一名员工的时候会采用什么形式？

答案就是一对一个性化聊天对话形式。这是最有效的说服他人的技巧之一，因为它拥有极好的说服氛围。

接下来，通过一个具体案例来看普通写作风格和聊天式写作风格的区别。广播式文案通常采用普通写作风格。

广播式文案

广播式文案好像有一群人躲在一堵墙后面，通过广播向大众讲话，属于多对多的形式。

举例：

介绍按摩器

"这是 ×× 公司新研发的产品——按摩神器。它既好用又便宜，您需要的话请联系客服购买。客服 24 小时在线。相信大家都会喜欢这款产品。"

聊天式文案

聊天式文案感觉像是在交谈，属于一对一的交流方式。通常使用的是"我"和"你"之类的称呼。

举例：

介绍按摩器

"嗨，还记得我吗，我是小陈，今天我值班，如果你选择我给你推荐的按摩器，你一定会像成千上万的朋友一样爱上我们的产品。它会自动帮你按摩酸痛的颈部、肩部。现在联系我，可以得到一个最低的折扣——七折。"

通过对比，可以看出两种写作风格明显不同。正如之前强调过的，文案有很多种写法，如果初学者没有熟练的写作手法，那么建议采用这种相对简单、高效的写法。这样就化解了很多初学者一拿笔就无从下手的尴尬局面——明明心里有想法，但是无法落笔成文字。

2.4　聊天中的情感

聊天式写作，是把文案素材、文案模块，转变成一对一的交流方式，然后通过文字表达出来。成功的文案绝大多数都是一个感性的过程，更多强调的是情感的交流，而不仅仅是冰冷的数据和官方描述。聊天式写作强调一对一的心灵对话，这样能避免读者因为觉得不受重视而放弃阅读文案的尴尬。

举例：

感谢老客户

● 普通文案表达如下：

"我代表公司感谢您的购买。我们知道您有很多的供应商，但最终您与我们合作，我们为此感激不尽。"

● 聊天式文案如下：

"张先生，我真的很感谢您的订单，这是我进公司以来第一次谈成的大订单。那天我差点失眠，一下午都高兴得合不拢嘴。我还把这件事告诉我的经理，他还鼓励我加油。我感谢您跟我们公司合作，更感谢您给了我这么好的机会。"

分析这则案例的写作技巧：

● 把情感因素"感谢"描绘成具体的画面和动作，如"高兴得合不拢嘴""告诉经理"。

● 用"您""我"，采用的是比较私人的称呼，使人感觉受到重视。

● 带着真实的情感，而不是冰冷冷的陈述型文字，如"我差点失眠"。

● 用一对一聊天风格写作，拉近距离，说出心里话，没有太多技术含量，但是效果很好。

聊天式写作的训练方法

第一步：把读者想象成身边的一位好友，并且假设这位"朋友"正好需要某款产品！

第二步：在充分了解产品之后，文案写作者试图和这位"朋友"聊天，说说心里话，介绍产品。

第三步：文案写作者要努力多描述这款产品的好处，人称一般使用"您"和"我"，突出一对一的聊天形式，感觉就像和一位好友聊天、谈话一样，轻松、舒适。

以下是一个具体例子，讲解如何从普通文案风格变成聊天式文案风格。

举例：

● 常规写法：大家写文案时遇到的难题不外乎是以下四个方面：读者没看见、不看完、不相信、不行动。我们这本书可以解决这些问题。

（目前很多文案都是这种风格——广播式文案，毫无情感交流可言，冷冰冰的文字。）

● 改进（1）：平时你写文案最为头疼的问题可能是以下四个方面：读者不打开、不看完、不相信、不行动！这本书可以帮助你打破这些魔咒。这是一套行之有效的学习系统，运用这套系统进行创作，你的文案将会带有魔力。

（这是自己写给好友的，对象是"你"，暗示这篇文案只写给"你"一个人，以引起重视和拉近距离。）

● 改进（2）：我知道平时你写文案最为头疼的问题就是：读者不打开、不看完、不相信、不行动！购买我的这本书，相信我，可以帮助你打破这些魔咒。这是一套行之有效的学习系统，运用这套系统进行创作，你的文案将会带有魔力。

（同时加入了"我"，显得更像一对一的聊天方式，暗示我不是代表公司部门给你写文案，而是代表我自己给你写文案，更像是私人聊天。）

可以写成聊天式风格的素材

可以写成聊天式风格的素材如下：产品功能介绍、客户的渴望和梦想、客户的痛点、开场白、挖掘深层次诉求、神奇的画面联想、打造独特卖点、营销故事、客户案例、塑造价值、打造强有力的信任感、零风险承诺、营造紧迫感和稀缺性等。这也是本书下一章中讲到的30个基础文案模块，每一个模块都可以用聊天式写作风格来表达，把想法变成文字。

仍然无从下笔

即使运用以上方法，学习文案写作的初学者也可能遇到难以下笔的情况，不知道写什么好。这时，建议找个安静的地方，面前放着产品，拿出录音笔，假设对面有一位好朋友，开始用语音向他讲解，用录音设备录音。结束后就可以用语音转文字的工具，将文字呈现出来，以这种形式完成文案模块写作，紧接着设计文案框架，调用模块，一篇文案半成品就完成了。接下来就是"总装优化"。

第 2 部分

非常文案方法论

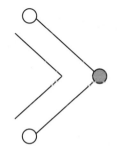

第3章
非常文案之模块调用

本章中提供的 30 个文案基础模块为文案写作时的常用模块。每一个模块对应一种文案写作技巧，文案写作者根据不同的功能需求调用不同的模块，可以单独使用，也可以组合使用。

3.1 模块 1 撰写标题

标题的作用不言而喻，它直接决定着读者的注意力会不会短暂停留，然后决定是否打开文案，一个好的标题，能让文案的打开率提升好几倍。好的标题是文案成功的开始，每一个写作者都希望写出一个好的标题，最大限度地吸引目标读者的注意力。

以下是常用的文案标题写法，可以参考其中的一个或者几个来模仿。最好为每一篇文案准备三个以上的标题，然后测试，看看哪个标题效果最好，择优选取。值得提醒的是，标题要慎用，文章质量或产品实力要对得起标题，否则将会引起读者反感，事倍功半，得不偿失。

优秀标题范文

（1）强调效果

人们购物都比较关心产品的使用效果，在文案标题中强调效果，可增强文案吸引力。

> 差标题：鲜为人知的交易秘密武器。
>
> 好标题：鲜为人知的交易秘密武器，让您获利增长 5 倍以上。
>
> 举例：鲜为人知的居家瘦身方案，让您 10 天瘦 5 斤。

（2）突出行为动作

明确告知读者如何操作才能获利。

> 差标题：免费加油！100 元加油代金券！
>
> 好标题：免费加油！点击领取 100 元加油代金券！
>
> 举例：拨打客服热线 12345678，免费领取样品。

（3）不增加成本

强调不增加成本，便能收到更好的效果。

> 差标题：推广公司网站的 5 个方法。
>
> 好标题：在不增加人员的情况下推广公司网站的 5 个方法。
>
> 举例：在不增加广告费用的情况下增加订单的 10 个方法。

（4）保持神秘感

在文案标题中加入神秘因子，激发好奇心。

> 差标题：使用视频演示，让产品的转化率提升 7 倍。
>
> 好标题：采取这一方案，让产品的转化率提升 7 倍。
>
> 举例：使用这个策略，让网站流量加倍增长。

（5）提供多个方案

提供多个方案提升成功率，而不是只提供一个方案。

> 差标题：居家瘦身的方法。
>
> 好标题：居家瘦身的 10 种方法。
>
> 举例：开发新客户的 30 种途径。

（6）指定人群

为某个指定人群写标题，针对性会更强。

> 差标题：公路上这两个标志，98% 的人不知道其含义。
>
> 好标题：公路上这两个标志，98% 的司机不知道其含义。
>
> 举例：这 10 款高效工具，99% 的运营工作者还不知道。

（7）突出全面性

突出全面性，包含所有，让人不得不阅读。

> 差标题：鱼的做法大全。
>
> 好标题：99种鱼的做法大全，包你吃个够。
>
> 举例：1000个写作标题的方法，包你10年用不完。

（8）强调新方法

人们都在关注新方法，新的方法会带来新的机会。

> 差标题：关于营销的方法。
>
> 好标题：关于营销的最新操作方法。
>
> 举例：关于居家健康瘦身的最新方法。

（9）制造紧迫感

制造时间方面的紧迫感，提醒读者不要忘记。

> 差标题：凭下面的赠券到××商场购买××汤。
>
> 好标题：从即日起到周五，可凭下面的赠券到××商场购买××汤。
>
> 举例：10月6日—10月10日，新店开张期间全场5折。

（10）善用"如何"

"如何"这个词带有很强的吸引力，经常出现在标题中。

> 差标题：社会化营销操作方法。
>
> 好标题：你确定你真知道社会化营销如何做？
>
> 举例：如何成功瘦身并且不反弹？

（11）引发思考

提出问题，引发思考，让读者想要知道答案。

差标题：运用众筹做营销。

好标题：为什么众筹是一种高效的营销方法呢？

举例：企业为什么要进军新媒体营销？

（12）不知道型

提醒某个人群某些重要的信息。

差标题：网络推广的 10 个技巧！

好标题：关于网络推广的 10 个技巧，你可能还不知道！

举例：关于国庆出游的十大热门景点，你可能还不知道！

（13）避免误区

总结某方面的误区，让人想要避免。

差标题：维护手机的不恰当方法。

好标题：必须看！维护手机不得不知的 5 个误区。

举例：开学购买电脑不得不知的十大误区。

（14）唯一性

强调唯一性、稀缺性，让人想知道。

差标题：进军自媒体的重要性。

好标题：进军自媒体，可能是当下唯一的转型机会。

举例：在竞争激烈的网络时代，这也许是小企业能突围的唯一方案。

（15）借用名人

把名人加到文案标题中，吸引读者。

> 差标题：让人忍不住点赞的网店运营秘籍。
>
> 好标题：连马某都忍不住点赞的网店运营秘籍。
>
> 举例：连××明星都在用的瘦身产品。

（16）预测型

预测某个行业或领域的发展动态。

> 差标题：关于网店行业的分析。
>
> 好标题：关于网店未来发展的40个预测。
>
> 举例：全面屏手机发展的十大预测。

（17）身体力行

用亲身经历说明产品效果明显，让人有行动力。

> 差标题：这个面膜效果非常突出。
>
> 好标题：用了这个面膜，我的皮肤变好了。
>
> 举例：看了这本书，我学会写文案了。

（18）制造悬念

以制造悬念的方式写文案标题，让读者理不清头绪，激发探究的兴趣。

> 差标题：老公，你的电脑噪声太大了。
>
> 好标题：老公别把你的专业，变成伤害我的工具。
>
> 举例：你们不要找我，我要去××城市。

（19）说出心声

说出某个人群的内在心声，指出问题所在，引发共鸣。

差标题：网络推广的方法。

好标题：不会网络推广怎么办？用这些方法分分钟掌握！

举例：什么产品都试过还是无法瘦身？用这个方法短期见成效！

（20）提醒型

提醒读者可能会面临的困扰。

差标题：如何策划活动。

好标题：如何避免在策划活动时犯下大错。

举例：如何正确避免网店运营遇到的"坑"。

（21）幸免型

强调某个人群可以摆脱某些困扰。

差标题：电商浪潮下的运营策略。

好标题：电商浪潮下的三大不死秘籍。

举例：在职场避免得罪小人的十大建议。

（22）受欢迎

强调很受欢迎，并且列举数据。

差标题：价值30万的文案。

好标题：价值30万的文案，超过1000万人已收藏！

举例：这款不到1小时疯抢3万台的手机有何独特之处？

（23）十大型

这是常用到的方法，如十大景点、十大美食、十大品牌等。

> 差标题：年度最具创意的 App。
>
> 好标题：年度十大最具创意的 App 案例。
>
> 举例：年度十大最受欢迎的手机排行榜。

（24）显得很高端

这样写标题会显得很高端，很少有人知道。

> 差标题：写标题的 5 种写法。
>
> 好标题：大咖们都在用的 5 种写标题的方法，别跟我说你会。
>
> 举例：高级厨师都在用的五种煮鱼汤的方法，别跟我说你会。

（25）直击痛点

直击某个人群的痛点，提供解决思路，增强吸引力。

> 差标题：中年人需要哪些改变？
>
> 好标题：三十而立，你现在最需要改变的是什么？
>
> 举例：无从下笔，写作时你必须掌握的框架思维。

（26）内部型

展示 ×× 行业的内部信息，增强读者的求知欲。

> 差标题：网店操作手册。
>
> 好标题：知名电商平台的运营策略。
>
> 举例：高手们都在用的涨粉绝招。

（27）危机感

告知某个人群某种危机感，令其引起重视。

> 差标题：传统企业需要运营新媒体。
>
> 好标题：传统企业运营新媒体，现在还不晚。
>
> 举例：网店店主，现在抢粉丝还不算晚。

（28）规模型

告知读者很多方法，很有价值，让人很想知道。

> 差标题：网络推广的常用方法。
>
> 好标题：网络推广的100种方法，你知道多少种？
>
> 举例：居家瘦身的100种方法，你知道多少种？

（29）小心型

小心型的标题往往很能引人注目。

> 差标题：不要每天熬夜加班。
>
> 好标题：还在每天熬夜加班？小心加快衰老哦！
>
> 举例：还用这个护肤品？小心你的皮肤！

（30）克服型

分析读者遇到的难题，在文案标题中直接指出。

> 差标题：演讲技巧分享。
>
> 好标题：如何克服上台演讲的恐惧？
>
> 举例：如何克服游泳的恐惧？

（31）答案型

人们一直在寻求解决问题的答案，这样的标题很能契合读者的心理。

> 差标题：社会化营销操作指南。
>
> 好标题：社会化营销不好操作，这里有答案。
>
> 举例：不知道如何快速写文案，这本书里有答案。

（32）干货型

人们渴望有价值的干货，人们希望自己变得更好。

> 差标题：这样保养汽车才有效果。
>
> 好标题：汽车这样保养才有效果，很多老司机都不知道！
>
> 举例：这样做运营才正确，很多人却不知道。

（33）画饼型

画饼永远有效，不管身处何种行业，从事何种工作。

> 差标题：如何成为高薪的市场总监？
>
> 好标题：成为年薪 30 万的市场总监，离你一点也不远。
>
> 举例：你和演讲高手之间，只相隔这一步。

（34）鲜为人知

人们对鲜为人知的事物总是充满好奇心和求知欲。

> 差标题：国内厉害的 20 个景点。
>
> 好标题：国内厉害的 20 个经典景点，知道一个算你牛！
>
> 举例：留学生很喜欢去的 5 个地方。

（35）吃惊型

人们都喜欢猎奇，吃惊型标题对读者有很强的吸引力。

> 差标题：这样吃鸡蛋对身体有害处！
>
> 好标题：万万没想到，这样吃鸡蛋对身体竟然有害处！
>
> 举例：万万没想到，这样保存食物竟然有害处！

（36）对比型

有对比就能刺激较弱的一方寻求改变。

> 差标题：如何打造能让你月薪30000元的文案？
>
> 好标题：让你月薪3000元的文案与让你月薪30000元的文案区别在哪里？
>
> 举例：好评1000+和好评10000+的网店区别在哪里？

（37）千万型

人们都希望尽可能避免危险的处境，采用这种标题能让读者注意规避不良产品和行为。

> 差标题：睡眠的十大禁忌。
>
> 好标题：睡眠有十大禁忌，你千万别这样做。
>
> 举例：夜间开车十大禁忌，你千万别这样做。

（38）手把手

很多人都希望在能手的指引下掌握某项技能，因为这样更高效。

> 差标题：如何做推广？
>
> 好标题：手把手教你如何做推广。
>
> 举例：手把手教你如何上篮得分。

（39）解决方案

力求上进的人，每天都在为实现目标而寻求更好的解决方案。

差标题：如何考试得 100 分？

好标题：自从知道这种学习方法后，再也不愁考不到 100 分了！

举例：自从掌握了这个技巧，再也不怕上台演讲了。

（40）谨防吃亏

没有人喜欢吃亏，没有人希望后悔。

差标题：千万不要购买这些东西。

好标题：千万不要购买这些东西，否则会吃大亏！

举例：千万不要这样约见新客户，否则会吃大亏！

（41）简单型

人们喜欢用简单的方式达成目标，不喜欢太复杂的。

差标题：如何玩转 Logo 设计。

好标题：七步教你玩转 Logo 设计。

举例：三步解决瘦身反弹问题。

（42）快速型

人们喜欢快速达成目标，迫切想要得到某个结果。

差标题：如何获得第一桶金？

好标题：如何在较短的时间内获得第一桶金？

举例：如何在 7 天内成为演讲高手？

（43）数据型

展示数据通常可以让人眼前一亮，迅速被吸引。

> 差标题：这家 3 平方米的小店生意红火。
>
> 好标题：这家 3 平方米的小店，凭什么一年赚 3 亿？
>
> 举例：这款 App，凭什么一个月下载量超过 1000 万？

（44）错过型

人们害怕错过一些重要的信息，所以迫切想知晓，力求实现目标。

> 差标题：搭讪最常见的 20 个方法。
>
> 好标题：搭讪最常见的 20 个方法，你一定没听过！
>
> 举例：常见的 10 种升职加薪技巧，你一定没听过！

（45）结果型

强调结果，能迅速吸引读者注意。

> 差标题：不可思议，做半年微商，冷暖自知。
>
> 好标题：不可思议，做半年微商，竟赚了 100 万。
>
> 举例：难以想象，一场公开课，收获 10 万粉丝。

（46）总结型

人们不喜欢漫无目的地浏览信息，喜欢已被他人总结好的，这样省时省力。

> 差标题：广告圈常用英文单词。
>
> 好标题：学会这些英文单词，你就可以在广告圈混了。
>
> 举例：学会这些，你就可以成为演讲高手。

（47）正确型

人们渴望做正确的事来达成目标，避免做无用功，走弯路。

> 差标题：水果的吃法。
>
> 好标题：这样吃水果才是正确的，你必须要知道！
>
> 举例：这样公众演讲才是正确的，赶紧来试试！

（48）盘点型

盘点意味着深度解读和总结，价值感会瞬间飙升。

> 差标题：互联网发生的10件大事！
>
> 好标题：盘点2018年互联网发生的10件大事！
>
> 举例：盘点本年度国内外十大科技创新。

（49）好胜心

同样是做一件事，人们通常不喜欢输的感觉，想要赢。

> 差标题：如何开网店卖东西？
>
> 好标题：都在网店卖东西，为何差别那么大？
>
> 举例：都在写文案，效果为何差距那么大？

（50）稀缺型

稀缺会带来价值感，人们通常重视稀缺的资源并渴望拥有。

> 差标题：会员享受5折优惠。
>
> 好标题：最后10个特惠名额，限会员。
>
> 举例：前10名购买，将会有赠品。

有关撰写标题的建议

文案标题的写法众多，没有绝对的好方法和坏方法，有时候一些简单且直接的标题也能收到很好的效果，市场和读者的认可才是检验标题好与坏的唯一标准。文案写作者在将文案大批量发布出去之前，不妨先挑选几个标题，然后将目标人群分组，先做小范围内的测试，根据测试结果分析标题的优劣，选择出效果更好的标题。

工作还没完成，如果还想继续在标题上做文章的话，还可以继续写作新标题，然后将新标题和老标题在小范围内测试，最后得到结论。

市场瞬息万变，只有这样才能最终得到更好的标题，而不是仅凭经验和习惯写标题，因为所有和市场有关的决策都应该接受市场的检验。

3.2　模块2　开场白

文案开场白模块至关重要，直接影响着文案的阅读率，决定着读者在打开文案的一瞬间，是继续阅读文案还是扔掉文案。文案写作者设计一个好的文案开场白，目的是吸引读者的注意力，激发其好奇心，这样才能够引导读者继续往下阅读文案。只有读者继续阅读，我们才有机会在文案中说服读者采取相应的行动。事实证明，读者在文案上停留时间和文案的最终回应率成正比。

> 读者在文案上停留的时间越长，阅读得越多，回应率会越高。

因此，文案开场白部分非常重要，文案标题决定着读者是否打开文案，文案开场白决定着读者是否继续阅读下去。

接下来讲解如何写出能吸引读者注意力的文案开场白。写作者写文案的时候只需任意挑选一种格式，模仿写作。

多年来，文案写作者们已经发现，在广告文案领域，特定类型的文案开头发挥着巨大的作用。以下列举了其中11个范例，当写作者一时不知如何下笔时，不妨参考这些例子，从中找出可行的思路来建构自己的文案开场白。

1. 讲故事

常言道，最好的文案是讲故事。写成故事的文案，对读者来说很有吸引力。首先，它会让读者感同身受，讲一个能够让读者联想到自身处境的故事，就等于在读者的需求以及营销之间搭起桥梁。其次，一般人们对故事比较熟悉，也喜欢听故事，讲故事能让他们保持兴趣，不至于将文案扔掉不看。关于故事的题材方面，可以用客户的故事，也可以写自己的故事。

以下是一篇 U 盘文案的开头部分：

举例：

事情要从 2005 年的一天说起，程总在赶往打印店的路上突然下起了大雨，全身湿透，好不容易走到打印店，可是他放在 U 盘中的宝贵资料消失了，U 盘被雨水淋坏了。事后，陈总找到从事电子行业多年的老同学，经过两年的技术攻克，终于研发出了这款 ×× 品牌的新型防水 U 盘，它即将面世……

分析：听故事是人的天性，人们会不自觉地阅读故事，从而被故事里的观点影响。

2. 以过来人的身份写文案

这个方法很有效。一般来说，读者只有遇到某些方面的问题才会寻求解决方案。在文案的开头，不妨以一个过来人的身份来写作。这样在读者看来，就好像是一个过来人正在传授解决问题的可行方案，而这正是读者迫切需要的。

以下是一款美白护肤产品的开头部分：

> **举例：**
>
> "我已经尝试了近百种美白护肤产品，可我的皮肤还是那么差。由于经常加班熬夜，30岁的我看上去像40岁的人了。
>
> 直到我遇到了×××，然后开始尝试，才一个月的时间就有了效果，真是不敢相信……"
>
> 分析：如果读者正好也是三四十岁的人，也面临着同样的问题，那么这样的文案开头无疑是有吸引力的。

3. 提出问题

假如某些问题让读者感兴趣，或者有需要，或者这个问题确实能激发好奇心，那么以提出问题当作开场白就是个相当有效的技巧。如果产品或服务能够解决读者问题，文案写作者应该将问题放在广告文案的开头部分，然后再告诉读者，××产品或服务是如何为他们解决问题的，这种做法有两个好处。

首先，这样的开场白可以筛选出特定的读者群。

其次，这种写作模式能够清楚、直接地指出产品如何为读者解决问题。当文案在开场白中提出一个问题，接下来自然就是谈问题的解决之道了。

以下是以问题作为文案开头的例子：

> **举例：**
>
> 您的小肚子是不是很明显？
>
> 您是不是平时不敢穿裙子，生怕露出粗壮的小腿？
>
> 您是不是用了很多方法，但体重却没有明显改变？

> 分析：对于体型过胖的人来说，这几个小问题直击痛处。

4. 强调好处

假如产品的效果显著、对读者有强烈的吸引力，那么直接展示产品的好处，会比任何其他文案技巧都有效。以下是以介绍一本书籍能给读者带来直接好处作为文案开头的例子：

举例：

"新出版的《非常文案》是一本专门针对非广告文案专业人士，系统讲解文案写作方法，能够指导您写出有营销力文案的写作书籍。"

分析：人们购买的是产品带来的价值，对于目的性很强的人，在文案开头直接讲产品的好处会很有吸引力。

这样的开场白之所以有效，是因为看到这篇文案的非广告文案专业人士都希望让自己的广告文案更有营销力。若想得到读者回应，强调产品好处的开场白，必须契合读者的切身利益。

5. 善用心理学

读者都喜欢阅读别人的故事，尤其是那些焦虑或恐惧、面临问题或和自己兴趣、经历类似的人的故事。有些优质的广告文案会把重点放在感人、戏剧化的人性故事上。读者受到吸引，是因为故事中的事件让他们联想到自己的生活经验。由于这样的故事能触及人类情感，而非产品的技术性细节，或抽象的文案说辞，所以会让读者印象比较深刻。

一篇推销《××职业技术培训》的文案则运用自传体的风格来拉近与读者的距离。这篇文案的开头是这样写的：

举例：

我 16 岁的时候，因高考失利便开始了人生中的第一份工作。第一次住在地下室，每天工作 12 个小时。直到有一天，我依然清晰地记得当时的场景……

分析：很多文案写作者运用同情、爱心、愤怒、孤独等情感因素来创作文案，收到很好的效果。

看到这样的开场白，那些曾经高考失利的读者应该会忍不住继续往下读。

6. 直击痛点

以下是一篇文案的开头，直击目标读者的内心痛点，引起共鸣。

举例：

"大多数人都在用错误的方法来瘦身。比如，每天节食却无法减轻体重；好不容易瘦下来，却还在为体重反弹而焦虑。而现在……"

分析：痛点可以形象地比喻成伤口，在文案中阐述痛点好似往别人伤口上撒盐，读者会感到疼痛，进而有所行动。

7. 不寻常的现象

整理与某个行业、某款产品相关的一些不可思议的现象，或者一些比较有趣的现象，抑或一些让人意想不到的事情放在文案的开头，也能收到不错的效果。这是一则推广手机壳的文案，开头部分这样写道：

举例：

"简直不可思议!

来购买这款粉色手机壳的竟然大部分是男士，我们当初是为女士设计的，没想到如此受男士追捧，原因竟然是······

现在我向你介绍这款独特的粉色手机壳······"

分析：按常理，粉色手机壳的主要客户群体应该是女性才对，而在这个案例中出现了不一样的现象，不同寻常。

8. 造成恐惧

告诉读者目前产品或行业存在的问题，能引起读者的恐惧，最后再提出自家产品的解决方案。

以下是一个防盗门锁的例子：

举例：

"你已经听过关于×××的案件，但是还有很多是你无从知晓也很难避免的。真是太可怕了，最近一次，就在2018年5月25日······"

分析：人们总是想尽量避免或者尽快摆脱恐惧，这样写作不仅能引起读者注意，还能增强读者的购买行动力。

9. 有悬念的情节设计

这是一则护肤品的广告文案开头部分，让读者充满好奇，想往下看，一探究竟。

举例：

"这就是一个陷阱，他不应该放弃这款产品……他是个大明星，怎么会犯如此低级的错误……一切源于一次意外……"

分析：一些曲折而有悬念的情节往往更能吸引人。

10. 成功案例

人们希望花钱买到真正有效果的产品，但是有些消费者已经无数次被商家欺骗，导致他们不太愿意相信商家的广告说辞。因此，在文案中加入客户见证素材，可增强信服力，激发消费者的购买欲望。当然，成功案例可以来自客户，也可以是创始人的故事等。

以下是一篇口才培训文案的开头部分：

举例：

"多年来我一直是个不善于表达的人，同事不喜欢和我说话，他们组织活动也不愿意叫上我，我感觉自己是一个被世界遗弃的人，并一直为此感到伤心难过。但是现在，我不仅能轻松自如地表达言语，还可以在讲台上激情演讲，这一切要归功于……"

分析：文案中讲了一个人排除表达障碍，从不会讲话到尽情演讲的故事，这样的成功案例会吸引有相似经历的人阅读。

11. 揭秘内幕

这种写法很常见，一般都是以揭秘某种内幕来组织文案第一段。我们都喜欢寻根究底，喜欢内幕，喜欢了解很少有人能了解的信息，这是人的天性。以下是一篇培训文案的开头部分：

举例：

> "更不可思议的是，只要你对直邮有点关注，你一定听说过一个美国的家伙他通过一个只有300多字的小文案，创造了1.7亿美元，这已经是个公开的事实。"
>
> 分析：行业内的人想知道到底是什么样的策略这么有效，想学习模仿，一探究竟。

3.3 模块 3 写好故事

故事的作用不言而喻，我们要充分利用故事的威力，让文案更加精彩。在一篇文案中，故事模块可以放在文案开头，可以放在文案中间，也可以放在文案结尾。

> 最好的文案是讲故事！

先看案例，这是一款儿童教育产品的文案开头，这样的文案是否可以吸引读者的注意力？

举例：

> 一名来自武汉的学生，从小学到初中他的成绩都是名列前茅，但到了高中连班级前20名都进不了。在面对新的环境时，到底是什么原因让他不再那么优秀？最后我们发现……

分析：讲述一名学生成绩突然下滑的故事，接着分析原因，可以吸引有过同样经历的学生家长。

举例：

最近我的课堂上来了一位母亲，她告诉我们，原来她的小孩每天都很开心，笑声连连，可是最近半年，小孩不再像以前那样乐观开朗，不愿意和她说话，不喜欢和其他小朋友一起玩，也不喜欢参加活动……

分析：讲述一个小孩从外向变内向的故事，接着分析原因，可以吸引遇到同样问题的小孩家长。

讲故事的魅力

要想通过一篇文案赢得客户，首先要强调的便是信任，其次是产品，讲故事就是在培养信任感。每个人的经历和故事都不尽相同，即使和同行卖的是一模一样的产品，只要故事不一样，那么售价和成交率便不一样。比如，A 为了谋生写文案卖水果；B 为了帮乡亲们解决水果滞销问题而写文案卖水果。即使是同产地、同品种的水果，售价也一样，但是成交率一定不同。

这就是在文案中讲故事的魅力，在文案中写下身边发生的不一样的故事，有正能量、积极向上的故事，展示顽强、励志或者是充满爱心等的故事，将大大提高文案的回应率。

在寻找故事题材的时候，最好的思路就是告诉读者，写作者为什么要写这篇文案，为什么要制造或者销售此款产品。文案写作者可以跟读者分享人生经历，分享产品和客户之间的故事。当写作者在讲一个故事的时候，读者容易产生共鸣，从而建立情感联系。

起点艰辛的故事

不管是大型公司还是小型公司，大多数公司创始人在开始创业时都会面临人脉、财力、物力、产品等多方面的困难处境，他们往往是在一个比较艰难的条件下开创事业的。

起点艰辛的故事更加贴近生活，显得更加真实，更能激励人。读者很容易被这样的故事所吸引和影响。

举例：

介绍三位名人的创业经历

● 俞某在中关村租了间很小的平房当教室，然后在房间里摆放几张桌子和几把椅子。创业之初员工只有两个：他和他的妻子。

● 宗某带领两名退休教师，靠借来的 14 万元，靠代销人家的冷饮及文具等起家，开始了创业历程。

● 潘某当年变卖全部家当，毅然辞职南下深圳，到达南头关时他身上只剩下 80 多元钱。

分析：这三位名人的创业之初，都比较艰辛。这样的故事让人印象深刻，容易和读者产生情感上的关联。

一个故事要想吸引人的眼球，主人公不能以一个赢家的身份开始，通常只有通过艰难险阻，然后去克服困难，解决问题，这才是读者真正想听的故事，就像前面说的几个案例一样。

过程曲折的故事

读者希望看到的是一个故事的完整过程，不仅仅只是故事的开头和结尾。读者希望看到主人公是如何应对接踵而来的困难处境。

很多人或者公司忘了其中重要的部分，往往这样写：某个时间和×××成立一家公司，或者开始做一件事，最后生意越做越大。然而，最重要的部分被忽略了，写作者还应该讲讲过程中最困难的时候是怎么度过的，或者整个过程中有哪些感人的经历、正能量的故事。

如以下示例，这样表达足以让读者震撼和难以忘记。

举例：

● 内地首富王某在创业初期困难的时候曾经借高利贷维持。

● 如今2000亿美元市值的国内某知名企业困难时期差点以100万元人民币卖掉公司。

● 国内知名企业的马某困难时期为了养活翻译社，竟然摆地摊赚钱。

分析：成功人士和成功企业都经历了曲折的故事，这在外人看来是不可思议的。这样的故事容易在人群中传播，也容易被人们记住，应该出现在文案中。

属于每个人的故事

在日常生活中，人们看到过太多关于名人如何成功的文章。但是遗憾的是，他们却没想过为自己写一个故事。他们总觉得自己不是成功人士，一个普通人士不适合撰写故事，故事只属于成功者。

其实不然，每个人都有属于自己的故事。只要故事中传递积极向上的人生价值观，那么它就是一个好故事，这样的故事都值得被传颂。

每个人都应该写下自己的故事，无论是打工者，还是负债累累者、失败无数者，这些都没有关系，只要还没放弃，还依然在努力，都值得写到文案中。

精彩的故事应该被这样定义：

> "精彩的故事为主人公克服困难，去追求理想的过程。"

用故事包装潜台词

故事在文案中的另外一个典型应用，就是把写作者想要在文案中表达的观点或者某个事实，用一个故事来包装，这个故事可以是真实的，也可以是虚构的。这一招很有用，因为很多时候，读者不愿意相信写作者说的事实与数据，但会被故事所吸引。

比如，写作者想说服客户珍惜机会，立刻做决定，不要错过了后悔。如果写作者直接在文案中这么写，客户可能不会理睬，甚至抵触成交。那么写作者不妨将这些想法包装成一个小故事来呈现，让读者产生共鸣，潜移默化地影响读者做出决定，效果一定出人意料。

当写作者试图说服客户抓住新机会，不要犹豫徘徊的时候，可以把以下这种类型的故事运用到文案中，会达到事半功倍的效果。

举例：

介绍日常生活中买车票的经历

我在火车站买票时常会看到，每当队伍排起长龙，如果旁边开了一个新窗口，首先做出迅速反应的是排在队伍最后面的人。排在靠前的人没有一点反应，最犹豫不决的是排在队伍中间的人，这部分人不但没有反应，甚至还有人念叨：为什么又开一个窗口……

生活告诉我们，如果你不能一开始就排在领先位置，那么请你也不要随大流，即使你已经落后也不要气馁，要善于发现身边的机会，然后果断出击！

分析：这样的案例在生活中经常出现，在文案中写这样的故事，无疑给读者上了一课：敢于拥抱机会。

这些小故事都可以写到文案中，不管它们是真实的还是虚构的，只要有生活寓意，写作者就可以运用到文案中，增强说服力。写作者在文案最后加这么一段故事，效果肯定比一直说"这是新项目，快来加盟吧，现在是好商机，能赚钱……"好几倍。

故事虽好，那么如何找到合适的故事呢？好事多磨，如果没有现成的故事，建议文案写作者在网络上搜索，或者平时多阅读多留意，遇到好的就记下来，不要觉得太烦琐。比如，罗永浩的演讲水平还算可以吧？算是经验非常丰富了吧？但是很少有人知道他平时也在做笔记，遇到好的段子就记下来，演讲的时候便能用上。唯有学习和积累能让写作者变得强大。

在文案中可以使用这些故事

- 公司、产品、团队的故事。

- 个人故事和职业故事。

- 客户的故事、客户的成功案例。

写作者可以做下面这五件事，把这些故事添加到文案中，来赢得更多读者：

- 写一份自己的电子版简介，这也是一个故事。

- 尽量和你的每一个客户聊天，可以谈产品，也可谈客户自己的故事和经历，然后截图或者记录。

- 为团队的每个人整理一小段故事，并且配上照片。

- 告诉大家你为什么要做目前这件事，为什么要卖这款产品，为什么要开这家公司。

- 用几句简单的话总结自己的人生经历和值得骄傲的事情。

能让销量翻番的故事

在一篇营销型文案中，"客户成功案例"能快速提高文案成交率，能让文案如虎添翼。很多时候读者对广告文案没有反应，原因会有很多，其中重要的一点就是：读者不相信写作者所说的话。所以恰当地使用产品的见证和客户的成功案例是打消读者疑虑的好办法。

以下是一个比较失败的客户见证。

举例：

"我喜欢这个产品！"——陈先生　南京

这样的客户见证往往是无效的。首先，如此陈述根本就是含糊不清，这样的见证对文案的回应率不会起到任何提高作用。其次，客户的信息只有姓氏和他居住的城市名称，这样显得不够真实可信。

客户见证的内容一定要使用完整的姓名和完整的城市名称以及省份名称。这样才会显得更加权威和真实可信。一个好的客户见证应该是这样的：

举例：

"我在三个月以前开始使用×××产品，在刚开始使用此产品的时候，我的体重是 75 公斤，使用 30 天之后，惊奇地减到了 71 公斤。我喜欢这种感觉，现在还在继续使用。"

（此处包含图片）

——陈丽丽，公司会计，江苏南京玄武区

3.4　模块 4　干货启发

人们最关心与自己相关的信息，把干货启发模块放在文案中，可为读者提供有用的信息，创造更大的价值。这样做除了可以引起读者的注意力，还可以获得信任感。以下这两个案例都是把干货启发模块放到文案中。

举例1：

只需一周，利用我教给你的七种简单方法，你的学习能力便可提高两倍！

这也许很难让你相信，因为这句话好像让你觉得很轻松就可以做到，但是你或许在过去经过了非常艰难的努力也没有学到！

如果你将现在所具备的天资、智商和能力结合在一起，那么你就可以做到。

这七种简单的方法，分别是……

举例2：

当我32岁的时候，我认为今生今世我可能就是这样子了——我的脸上皮肤变得松弛又粗糙、眼角还起了细细的皱纹，看上去像40多岁的，我真的很担心以后的日子，皮肤不知道会变成什么样子。

更令我担心的是，我已经尝试了很多护理皮肤的方法，但都没有什么效果，我想大概不会有什么方法能让我的皮肤回到以前的样子了。

没想到这个方法却可以……

在写文案时，如果遇到以下情况，不妨在文案中添加干货启发模块。

● 不知道如何开头让读者重视文案。

● 不知道如何激发读者兴趣。

● 总觉得文案还不够好，不能留住读者。

写作者在运用干货启发模块时，应该更多地介绍解决问题的新方法、新思路，因为这些信息对读者来说很有价值。比如，在销售美白护肤产品时，应多分享美白护肤知识和辨别正品的技巧；在销售减肥产品时，应多分享如何健康饮食，如何锻炼身体；在讲文案课程时，应多教别人如何讲故事；这些都是干货。

如何找到干货

● 根据客服或销售人员的反馈，找到消费者的抱怨点和需求，进而提炼出干货。

● 多看看同行提供了哪些对消费者有用的信息，进而提炼出干货。

● 去购物平台，看消费者的评论和想法，整理信息，进而提炼出干货。

● 去相关的论坛和贴吧，查看消费者最关心什么样的主题，进而整理信息、提炼干货。

● 到搜索引擎或新媒体平台，寻找目标人群最关心的主题，进而整理信息、提炼干货。

● 大量阅读相关的书籍，寻求目标读者最关心的信息，进而提炼干货。

3.5 模块 5 挖掘痛点

有这样一种情况：目标人群对现状非常不满意，他们痛苦不已，特别希望尽快摆脱这种现状。而写作者要做的就是找到读者的这些痛苦需求，然后在文案中大篇幅阐述，来引起读者的注意。如果所推销的产品能在这些痛点问题上对读者有所帮助，文案写作者应该尽可能地挖掘并记录下来当作写作素材，在文案中重点介绍，这样的文案才能打动目标人群，引起共鸣。

文案写作者应该先理解两个概念：痛点和需求。痛点是基于需求的，需求的范围更广。目标人群在满足需求的过程中，遇到了比较头疼的又不得不排除的障碍，这个障碍称为痛点。

打个比方，有的人买手机，主要用于看电影和打游戏，这时候"看电影"和"打游戏"就是目标人群的两个需求。那么什么才是痛点呢？一般来说，能满足看电影和打游戏的手机，高性能处理器、高清大屏幕、超耐用电池，这三个特性必不可少。那么，产品的这三个特性便将决定目标群体是否能在满足看电影和打游戏的需求中获得好的体验。很显然，这三个特性很有可能成为痛点。

如何找到需求

要挖掘痛点，首先要挖掘读者的需求，然后在需求中提炼痛点。这里提供了几种常用的方法。

● 寻找需求：

根据马斯洛需求层次理论，寻找目标人群在哪些方面有需求。马斯洛将人类需求由低到高分为五种，分别是生理需求、安全需求、社交需求、尊重需求和自我实现需求；越底层的需求越有可能成为痛点需求，然后简单记录下来当作素材。

● 市场调查：

调查目标群体的建议、需求、关注点以及其他信息，然后简单记录下来当作素材。

● 客服抱怨：

要求售前售后客服或前台销售人员，记录目标群体的建议、抱怨、想法，然后简单记录下来当作素材。

● 客户评论：

去收集客户评论，挖掘的痛点应该从客户中来，是客户真实拥有的，而不是文案写作者在办公室里凭空想象出来的，然后简单记录下来当作素材。

文案写作者也可以从以下表格提到的渠道中，大量搜集潜在人群的需求。

潜在人群的需求与抱怨			
用户调研：		购物平台：	
问卷访谈：		论坛贴吧：	
数据分析：		博客官网：	
市场调研：		粉丝互动：	
试用报告：		售前咨询：	
办座谈会：		售后服务：	
同行卖点：		用户投诉：	

如何提炼痛点

如何评估一个需求是不是痛点？通常采用的方法如下：首先，列举目标群体的需求，10个、20个、30个，越多越好；然后，对照以下六条建议来评估每一个需求点。

● 痛苦法：如果人们某方面的需求得不到满足，就会很难受。

● 付费法：能满足用户需求，用户愿意为之付费。

● 必须法：离不开、必不可少的需求就是痛点。

● 研究同行：找到十余篇同行的产品文案，找寻同行在文案中阐述的痛点需求。

● 询问客户：询问客户为何需要此类产品。

● 马斯洛需求层次法：生理需求、安全需求、社交需求、尊重需求、自我实现需求，越底层的需求越有可能成为痛点需求。

举例：

智能手机

● 消费者需要大屏幕手机，手机过于耗电或者屏幕不清晰就是痛点。

● 消费者需要高清的摄像头，不能美颜就是痛点。

● 消费者需要能玩游戏，手机太卡就是痛点。

● 摄像头是三个还是四个，这是一个不痛不痒的需求，算不上痛点。

● 电池有一点点发烫的问题，这也是个不痛不痒的需求，算不上痛点。

● 手机外型设计是圆角还是直角，这只是一个简单需求，也算不上一个痛点。

分析：痛点包含于需求中，但更能影响消费者做决定。

举例：

● 注册公司、注册商标：创业者需要第三方公司帮助办理业务，这是需求不是痛点。痛点是收费不透明、进度不明示等。

● 消费者需要智能手机、需要大屏幕，这是需求，屏幕易碎、太耗电，这是痛点。

● 篮球爱好者需要一双好的球鞋，这是需求。篮球鞋易崴脚、臭脚，这是痛点。

分析：只有充分了解产品和消费者才能总结出真正的痛点。

总之，目标人群想要实现某种需求，但是实现的过程中遇到了障碍，他们愿意付费消除这些障碍，那么这样的障碍才能算是真正的痛点。在文案中，应该至少有三段来描述潜在人群的痛点，一击即中，潜在人群才会觉得写作者很了解他们，是在试图帮助他们解决问题，这样的文案才有可能让读者采取行动。

找到痛点后怎么使用

首先，要在文案中详细介绍这些痛点，并反复提及，这样读者才会觉得痛，才会迫切寻求解决方案。这部分文案可能需要写 3~5 段。

其次，提供新的解决方案和思路让消费者的痛点得以解除，这样的文案最终可以得到更高的回应率。

3.6　模块 6　画面联想

画面联想模块起到的作用是仿佛把读者带入某个场景，让其置身其中亲身体验，促使其采取行动，如以下示例所述。

举例 1：

漂亮极了

这是今年的最新款，它拥有今年最为流行的颜色搭配，而且还是定制款。当穿上这条裙子出现在电梯间、餐厅、图书馆，路人会对这条裙子赞不绝口。陌生人在回头观望，露出喜悦的笑容。

我相信，这条裙子，加上自信的你，无论走在哪里，都将拥有超高回头率。

分析：描绘穿着裙子在人群中的画面，能激发人们的购买动力。

举例 2：

"老公出差回家，刚刚打开门，我在沙发上看电视，老公看到减肥成功的我的那一刻，惊呆了……"

"那刻我心中的兴奋、激动、酸楚和感叹终生难忘！"

分析：描绘爱人看到自己瘦身成功的画面，能让人有购买的冲动。

没有联想就没有行动力！

营造画面感

写作者在文案中介绍产品功能，挖掘客户的表面需求和深层次诉求、客户的内心渴望和梦想。但是，在文案中仅仅介绍这些是远远不够的，在客户没有了解产品能够给自己的生活带来何种改变的时候，是无法真正理解产品为其带来的好处的。

所以在这个过程当中，写作者需要在客户的头脑当中塑造关于产品好处的一系列画面，而且这些画面都是来自日常生活中的场景，让客户能够清晰地感受到产品带来的改变。当人们在头脑当中能够清晰地知道会有这个改变的时候，人们就会有极大的意愿采取行动。

以下是两个画面联想模块案例的准备和写作过程，以此说明如何写出有画面感的文字。首先确定一款要为之写作的产品，然后找出与产品相关的素材，包含产品功能、客户的深层次诉求、客户的痛苦等。写作者可以把这三方面素材各自描绘成两个小段落。

文案对象：

案例1：披肩按摩器的文案

案例2：微品牌课程的文案

段落组成：

● 产品功能画面1~2段。

● 客户痛苦画面1~2段。

● 客户深层次诉求画面1~2段。

案例1：披肩按摩器文案

（1）基本素材

● 产品功能：按摩颈部、肩部。

● 客户痛苦：颈肩酸痛、身体疲劳。

● 深层次诉求：更好的睡眠；更健康；更高的工作效率；赠送他人，加深友情、爱情。

（2）画面联想

● 产品功能画面一个。

举例：

上班族下班回到家，坐在沙发上看着自己喜欢的电影。不过，在您享受私人时间的同时，为什么不顺便披上这款披肩按摩器呢？它不会妨碍你做任何事，它自动按摩肩背、缓解疲劳……

分析：这是一个普通上班族下班回家休息时使用产品的画面。

● 客户痛苦画面一个。

举例：

很多上班族，每天加班，长期坐在电脑旁，经常挤公交车见客户，有时候还要出差，熬夜更是不必说了，没有什么时间运动……腰部、颈部、肩部都有不同程度的劳损，如果这样下去，过个三五年，身体会不会垮掉？会不会本来二三十岁看上去却像四五十岁的？

分析：这是上班族常遇到的痛苦画面，易引发读者联想。

● 客户深层次诉求画面一个。

举例：

现在我的情况比以前好多了，每天回到家看电影的同时可以按摩半小时，不再担心腰酸背疼而辗转反侧睡不着，也不再担心第二天因为身体不适，工作起来无精打采、效率低下……更健康的身体让我在职场中更有激情和活力……我还把它推荐给了其他同事，有的同事还把按摩器带到公司，加班的时候便能用上。

分析：这是一个用户评价，用户对产品很满意。用户得到的不仅是健康，还有精神状态的恢复和工作效率的提升。

案例2：微品牌课程文案

（1）基本素材

● 产品功能：帮助企业打造微品牌、个人品牌。

● 客户痛苦：产品多，广告多，客户不知道、不了解产品。

● 深层次诉求：企业希望拥有更高的单价、更高的知名度，更容易成交，树立行业权威，公司更受尊重，与其他产品区分度高，成为客户的首选。

（2）画面联想

● 产品功能画面一个。

举例：

> 我们开发了一系列的课程，帮企业打造微品牌，第一天_____，第二天_____，第三天_____。学完之后，按照这套方案，企业将会拥有自己的独特品牌名称，吸引人的广告语，将可以在喧闹的市场中，引人瞩目，脱颖而出，被消费者铭记……
>
> 分析：展现了课程帮助企业解决问题和实现效果的画面。

● 客户痛苦画面一个。

举例：

> 客户根本看不到商家的产品！朋友圈广告充斥，消费者的选择太多了！人家根本不听我们的解释，更别说成交了。想象一下以下情景：目前的朋友圈充斥着各式各样的广告，商家发一条产品促销信息，可能连自己都不会注意到，更不用说别人了；到底有什么办法让读者持续关注商家呢；明明价格比同行低了一半，但是客户却不领情；当商家介绍自己的产品和公司时，客户却一副毫不知情的模样。
>
> 分析：展现了企业遭遇痛点的画面，为提出解决方案做准备。

● 客户深层次诉求画面一个。

举例：

　　这才是商家应该追求的：当客户打开淘宝网，打开百度，打开朋友圈，要找一款产品的时候，找到商家的网页，联系商家的在线客服；虽然商家的价格更高，但是客户更加相信商家，因为他听过这个品牌，认同该品牌的理念，了解该品牌的故事。这就是微品牌的魅力，更高的利润，更受尊敬，让商家与同行明显区分开来，成为客户的优先选择。

　　分析：企业真正想要实现的效果是提高品牌知名度和让品牌成为客户的优先选择。

3.7　模块 7　产品介绍

　　如果写作者写作产品文案最重要的目的就是销售产品，那么在这样的文案中，产品介绍就是最基本的模块。以下是常用的几种方法，能够让写作者更全面、清晰地在文案中介绍产品。

思路 1：列举产品的属性 + 原理 + 详细说明

举例：

● 胶原蛋白的三螺旋结构＿＿＿＿，它可以美白皮肤＿＿＿＿。

● 胶原蛋白进入皮肤后＿＿＿＿，减缓衰老＿＿＿＿。

● 胶原蛋白进入真皮组织＿＿＿＿，从而减少皮肤松弛现象＿＿＿＿。

思路 2：直接列出产品的好处，直面需求，打动人心

举例：

"优势谈判"为您解惑：

● 如何在商务谈判中获得主动权？

- 如何让自己的主张更有力？

- 如何在谈判中正确报价？

- 如何快速试探对方的低价？

思路 3：介绍产品的独特之处，突显差异

举例：

- ＿＿＿产品由＿＿＿团队研发，

- ＿＿＿产品荣获过＿＿＿奖项。

- ＿＿＿产品具备以下独家的性能＿＿＿。

分析：介绍产品的独特优势，能让消费者印象深刻，让消费者优先选择该产品。

思路 4：介绍产品的由来、生产过程、测试数据

举例：

- 某某品牌大米产自＿＿＿。

- 经过工序＿＿＿。

- 严格的品控＿＿＿。

- 检测数据如下＿＿＿。

分析：介绍产品的生产加工细节。

3.8 模块 8 权威效应

在文案中添加权威效应模块，能让文案更加具有权威性，更能让读者信服，进而增强文案的说服力。以下是一些常用写法，可供参考。

效果数据

举例：

截至 2015 年 6 月 30 日的统计结果表明，使用"××美白护肤产品"的会员数量已经多达 23110 人，其中 15～25 岁女性 8675 人，26～36 岁女性 12321 人，37 岁以上女性 2114 人。如果一件事情重复了 23110 次，能得出什么结论？这说明我们的产品是有效果的，是经得起实践检验的，这是事实，不是偶然。

分析：用户数量多意味着产品效果理想，产品比较可信。

权威机构

举例：

××产品开创了＿＿领域的消费热潮，获得年度＿＿奖项，该奖项由＿＿权威机构颁发，参与此次活动的知名媒体有＿＿。

分析：相比于商家而言，人们更倾向于相信第三方权威机构的证明。

历史悠久

举例：

1990 年，公司团队＿＿人，拥有产品＿＿，总部位于＿＿。

2000 年，公司团队＿＿人，拥有产品＿＿，总部位于＿＿。

2005 年，公司团队＿＿人，拥有产品＿＿，总部位于＿＿。

分析：介绍产品的发展史和公司的发展史，时间越长久显得越可靠。

规模影响力

举例：

　　××产品历经＿＿＿年，动用＿＿＿人工，耗资＿＿＿元打造而成。××产品由＿＿＿专家团队研发打造。该产品目前已经帮助＿＿＿名会员解决＿＿＿问题！

- 会员总数＿＿＿。
- 每日发货量＿＿＿。
- 代理商总数＿＿＿。
- 员工总数＿＿＿。
- 子公司数量＿＿＿。

　　分析：产品或公司的规模越大，产品效果越可信。

代言推荐

　　例如，×××明星或者专家、权威机构、媒体平台、政府机关等大众公认的个人或者机构的推荐。

团队组成

　　例如，研发团队来自国内知名高校，其拥有博士、硕士学位；或者团队成员来自×××知名大公司。

荣誉资质

举例：

　　陈某毕业于＿＿＿，是＿＿＿专栏作家，享有＿＿＿提供的＿＿＿荣誉。他还担任＿＿＿节目的评论嘉宾，拥有＿＿＿头衔。

　　分析：个人的荣誉和头衔可以彰显其权威性。

3.9　模块 9　独特卖点

独特卖点模块在文案中的作用是塑造独特性，突出某些竞争对手不具备的优势，让文案中提供的主张成为客户的优先选择，乃至唯一选择。

以下是在文案中运用独特卖点的例子。

提炼独特卖点的两个重要思路

● 与功能相近但外型不同的产品进行比较。

● 与同质化的产品进行比较。

下面以 USB 电风扇为例加以介绍。

与相关产品比较：USB 电风扇及吊扇、台扇之间。文案中就可以对比这几种风扇，相比之下，突出 USB 电风扇更小巧、更省电、更灵活、低噪声等优势。

与同质化产品比较：不同品牌 USB 电风扇之间。文案中可以对比不同品牌的 USB 电风扇的特点，突出自家的 USB 电风扇风力更大、款式更多、价格更便宜等优势。

独特卖点详解

> **举例：**
>
> ● ××手机的 VOOC 闪充技术："充电 5 分钟通话 2 小时。"
>
> ● ××感冒药的广告语："白天服白片不瞌睡，夜晚服黑片睡得香。"
>
> 分析：这是比较经典的展示产品独特卖点的广告语。

以上案例可见独特卖点的实用价值。独特卖点是从既定的产品中挖掘独特且具有强营销力的卖点，给潜在消费者一个强有力的购买理由。

当今市场上商品众多，消费者每天都面对大量广告。如果文案写作者希望通过文案来获得更多订单，请为产品打造独特卖点，因为独特卖点是打败对手的最强武器和核心竞争力。聪明的商家都很重视打造产品的独特卖点。

寻找独特卖点的常规思路

产品的独特卖点可以触及文案营销活动的整个范围：价钱、服务、品质、专有权或商品销售过程中的任何环节。以下是挖掘独特卖点的常用思路。

（1）官方承诺：____天无条件退款，____天免费维修。

（2）外观属性：____种颜色可选，____种款式可选。

（3）客户服务：全国有____名客服，拨打____，客服立刻上门服务。

（4）产品质量：经过____权威认证，如有质量问题，我们承诺____。

（5）团队成员：____人来自知名公司，____人拥有____荣誉。

（6）先进技术：采用____领先技术，全球仅____家公司拥有。

（7）使用方便：只需简单操作____，产品就能____。

（8）合作伙伴：与____国际知名品牌合作，成为____企业优质服务商。

（9）价格优势：____最低价，买两件打____折。

（10）独家特点：根据____权威数据显示，本产品在____方面，拥有"第一____""最____""独家____""唯一____"等优势。

独特卖点组合拳

令人头疼的是有些产品的特点并不是那么突出，没有能找到明显区别于竞品的卖点怎么办？不妨采用组合拳的办法，在文案中把产品的几个不是很明显的卖点放在一起作为一个卖点组合。从整体来看，这个组合就是独特卖点。一般以下面两种形式呈现：

● 一个明显的核心卖点，加其他几个次要卖点。

● 不分主次，几个不太明显的卖点一起组合成独特卖点。

举例：

健身产品的独特卖点组合法

本健身产品提供以下五个增值服务：

● 一年内无效退款。

● 免费论坛 VIP 账号。

● 内部交流群。

● 一对一免费咨询 1 小时。

● 免费使用健身设备。

分析：通过提供多种组合服务来打造独特卖点。

事实上，能影响消费者做出购买决定的因素很多，如果我们实在不能在独特卖点这个策略上获得优势，那么不如从其他方面入手。比如，老板的魅力，公司形象，产品的品牌效应。文案写作者可以运用本书讲解的其他模块来提高文案的回应率，比如，运用效果证明模块、权威效应模块等，同样可以写出高回应率的文案。

赠送思维

为主产品增加 3~5 个赠品，这些赠品要求和主产品相关。这样一来，即使主产品和同行几乎一样，但是由于提供不同的赠品，也能实现差异化。

比如，如果公司销售早教用品，便可以提供一些和早教相关的益智游戏、儿歌、小玩具等；如果公司销售按摩椅，便可以提供一些保健教程、护眼仪、小型按摩器等。

世界上只有一个你

世界上只有一个你，写作者可以考虑在文案中，将自己（公司）的故事和经历写出来。这样，在消费者看来，即使产品一样，但是文案的作者不尽相同，背后的经历和故事也不同，独特性也就能体现出来。很多时候，消费者是由于认可文案写作者（公司）的故事和经历，从而决定购买产品的。

笔者就经常听到这样的话："我觉得你的故事很励志，我决定购买你的产品！""我觉得你做事很认真，很舍得花心思，我决定加入你们！"。

不妨试试看，在文案中介绍自己或者团队，公司文化使命，创始人的故事等，从而让消费者能够把产品和同行区分开来，制造独特性和唯一性。

3.10 模块 10 对比营销

消费者有时候不能直接判断产品或服务的价值，也不知道如何做出正确选择。那么，文案写作者可以通过在文案中运用对比营销模块，帮助消费者快速做出选择。写作者制定对比选项，拥有主动权、话语权。

写作者应该选择有利的选项用于对比，进而突出自家产品的优势，突出产品的价值感和性价比。

在运用对比营销模块的时候，一般有两种思路来突出现有产品的性价比。

● 对比同行 3~5 个品牌的产品，来突出自家产品的高性价比。

● 对比自家不同版本、不同款式、不同时期的产品，突出最新产品的高性价比。

以下是两个与同行对比的具体案例。

手机品牌 A 和手机品牌 B 参数对比		
手机	手机品牌 A	手机品牌 B
处理器	联发科	骁龙
RAM	4GB	3GB
ROM	32GB	64GB
后置摄像头	2116 万 px	1600 万 px
前置摄像头	500 万 px	400 万 px
屏幕	5.2 英寸	5.11 英寸
电池容量	2560mAh	3000mAh
参考价	2499 元	2299 元

×× 品牌和传统粉笔对比		
×× 品牌	VS	传统粉笔
原料以钛白粉为主，绿色环保	材质	含多种化学成分，腐蚀皮肤
耐书写、不易断	耐用性	易断，造成浪费
有保护措施	健康	双手直接接触
干净、整洁、无尘	粉尘	粉尘严重
专人团队负责	售后	无售后服务
官方直营	中间商	代理分销
较便宜	价格	较贵

3.11 模块 11 效果证明

文案写作者把产品或服务说得再好，读者并不一定认可，而且往往被认为是商家在自夸。读者不会相信一家之言，所以写作者需要在文案中解决这个问题，来证明给读者看，产品效果是有保证的。

（1）利用对比

常用对比方法如下：

● 之前的解决方案和现在的解决方案对比。

● 没有解决方案的时候和采用了解决方案之后对比。

● 和你的竞争对手对比。

● 现在和未来对比。

● 客户采取行动与不采取行动对比。

看下面这张图片，真实的减肥前后效果对比图是最容易获得消费者信赖的方法。

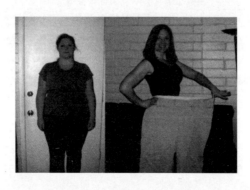

（2）利用数据

擅长利用数据，比如会员的数据，产品的试验数据，产品的检测数据，产品在某些知名媒体上出现的数据等。这些数据最好是由第三方平台提供，这样会显得更加可信。

（3）权威推荐

相比于商家而言，人们更愿意相信权威专家、意见领袖、公众人物、新闻媒体以及权威机构的推荐。如果商家有这方面的资源，应该把此类的权威推荐语写到文案中。

（4）介绍过程

介绍产品的生产过程更容易让读者信服。比如，商家想要告诉读者他们农场的青菜都是绿色健康的，商家可以介绍青菜种子的来源，浇灌用水的来源，以及介绍他们是如何防虫和除虫的。当商家把整个生产过程都展示在文案中的时候，读者才会相信这家农场的青菜确实是绿色健康的。

（5）直接演示

演示是展示效果的最好方法，演示能说明产品的功效。比如，菜市场附近经常有人演示一把菜刀的锋利度；再如，有人用点火的方式来演示真皮皮带的质量。如果文案是发表在网络上，在文案中用到效果证明模块可以是文字形式，也可以是语音形式，还可以是视频形式。如果条件允许，建议将产品的功效录制成视频，当然也可以采用视频直播的形式。尤其是针对一些效果比较显著的产品，采用直接演示法，更有说服力。

（6）客户案例展示

写作者在文案中展示客户的案例，可以采用语音、视频、信件、截图等形式。当一款产品拥有大量客户的成功案例时，就能说明产品的效果是有保证的，是经得起验证的。客户案例展示是极其有效的手段，它可以运用在多个文案模块中，发挥着不同的功能。

3.12 模块 12 信任感

不管从事什么行业，信任感很重要。比如，写作者打算通过写文案销售产品，如果不能解决信任问题，再好的产品也有可能卖不出去！因此，任何营销型文案都应该添加信任感模块。

> **举例：**
>
> ××产品在____领域处于领先水平，荣获____发明专利证书，先后入选____科技奖、____创新计划，并被____授予____荣誉证书。
>
> 分析：第三方权威机构证书能快速建立信任感。

顾客不相信我们

这部分介绍的关于如何打造信任感的技巧，写作者完全可以运用到文案中。商家获得产品销售的成功，可归结为劝说陌生人改变对事情看法的能力，以及获取陌生人信任的能力。以下方法可增强文案的可信度。

（1）售后承诺

写作者在文案中可明确提出售后承诺，包含售后服务的细节和规则，以及退换货的规定，以此解除消费者的后顾之忧。详细而正式的售后承诺，可以让消费者更放心地购买产品。如果有条件，可以邀请公司的重要人物亲自做声明，讲解产品的售后规则，在文案中附加签名的效果会更好。除了文字形式，售后承诺还可以录制成视频等形式。

（2）双倍赔款

如果产品效果明显，品质过硬，文案中可以采用"达不到效果双倍赔款"方法。运用此方法，仿佛间接告诉消费者：商家对自己的产品充满信心。消费者一般会想：如果产品质量有问题或者根本没有效果，他们公司敢双倍赔款，肯定破产了。可见，双倍赔款承诺无疑是非常具有说服力的。

（3）名人效应

如果产品和公司与某个名人、专家、公众人物有关联，或者他们曾经使用过该公司产品，光顾过公司门店，在征求对方同意后，写作者应该将这些素材写进文案中。有知名人士使用的产品，往往能向公众传达一个信号：名人都在用，请您放心购买。

（4）合作伙伴

如果合作伙伴是知名公司，文案中可以这样写，"××公司的金牌合作伙伴""××公司的长期供应商"，文案中可以展示合同或者协议的部分内容，以示真实。

（5）免费试用

提供免费试用是一个打消消费者怀疑心态的好方法。消费者可以先试用，满意后再购买。如果产品效果不理想，消费者也没有任何损失。消费者通常认为，那些敢提供试用品的商家实力更强，信任度更高。

（6）荣誉头衔

写作者可以将"××城市十佳品牌""××行业优秀企业""××荣誉单位""××精英会员"等写进文案中以增加信任感。产品或者公司的荣誉、资质、头衔等在消费者看来代表着权威机构的肯定，大众的认可。

（7）测试结果

把检测型的数据添加到文案中，比如产品的测试人数和试用效果等相关的数据、××平台抽查结果，以及权威机构的检测数据和评级情况，以此增加信任感。

（8）销量数据

在文案中展示产品过往的销量情况。比如，已售卖出了多少数量，以及市场占有率，或者是"××平台××时期销量第一名"等类似的数据，以此告知读者，产品的销量巨大并且被市场认可，是值得信赖的。

（9）列出专利

列出专利，包含外观专利、发明专利、实用专利等，专利在人们心中占据着至高的权威性，可以形成很强的信任感。文案中可以展示专利的编号和证书截图。

（10）介绍团队

在文案中可以介绍公司创始人的故事，以及公司团队成员的基本信息，包括学历、工作经历、成果等。人们对公司团队成员越熟悉，对产品的信任感就越强。

（11）媒体报道

如果公司或产品曾经出现在杂志、广播、电视台、报纸、知名网站等权威媒体上，写作者可以把这些素材引用到文案中，以此提升信任感。

（12）经营执照

在文案中可展示营业执照、卫生许可证等经营类的证件，必要时还可以展示经营场所的现场图。在文案中展示这些信息不光是要告诉消费者公司的实力，还要告诉消费者该公司是正规合法的，如果产品出了什么问题，消费者可以随时找到公司，不必担心售后服务的问题。

3.13　模块 13　塑造价值

塑造价值也是人们常说的价值包装，目的是让产品的价值感飙升，能卖出更高的价格，并让消费者更满意。

写作实战

以下是常用的塑造价值的写作技巧。写作者可以从中挑选一条或者几条运用到文案写作中。

（1）产品匹配度

这是塑造价值的前提，不是说找到一个人就拼命对他讲你的产品多好，多值得拥有，价格多优惠。这是错的，塑造价值的前提是找到真正需要这款产品的消费者，然后再讲解产品的价值。产品和消费者的需求匹配度越高，消费者就会觉得越有价值。

比如，同事聚会经常购买香辣虾。但是如果店长一味地向一个对虾过敏的人推销香辣虾，那就是个错误的决定，因为虾对他来说是没有多大价值的，自然不会购买。

又比如说，一支玫瑰花卖两元钱，已经很便宜了！但是如果你看见一个小伙就冲上去推销玫瑰花，说得天花乱坠，即使你的花再好看，价格再怎么便宜，对面的小伙可能也不会购买，因为他可能是单身，买花不知道送给谁……

要想成功地塑造产品价值，必须确保看到文案的这个读者是潜在消费群体，写作者才可以采用接下来总结的这些技巧，来成功塑造产品价值，让消费者觉得购买产品很值得，让产品可以卖出更高价格，摆脱廉价促销的魔咒。

（2）列举优势

产品的品质非常高，所以它售价很贵，这可以作为独特卖点。产品的后期服务更好、更长久，拥有完整的全国售后服务网络也可以作为独特卖点，完全可以重点推广这个优点。还有，如果产品品种更齐全，或者产品的功能更齐全，产品的价格更便宜，这些都可以作为独特卖点写进文案中。

- 人们为什么要买沃尔沃的汽车？——因为它安全。
- 人们为什么喜欢到沃尔玛去购物？——因为它天天低价。
- 人们为什么买海飞丝？——因为它可以去头屑。
- 人们为什么用云南白药？——因为它是祖传秘方。
- 人们为什么要喝百威啤酒？——因为它是全世界销量好的啤酒。

在文案中运用列举优势这条策略，把产品或者公司，所有跟"第一""最"相关的信息呈现给消费者，这个"第一"和"最"一定要有数据支撑，不然就违反了广告法。将这些信息全部罗列在文案中，并标注好范围。告诉消费者，这些优点都是你所售卖的产品才拥有的，消费者就会认为产品更有价值，更值得选择。

（3）制造稀缺性

当资源变得稀缺，资源的价值感会随之增加。如果产品是纯手工的，写作者可以在文案中这样写："一天只能制作几件……"消费者自然会觉得此商品比较有价值。

比如：

● 赠品只有30件，刚才张××又抢走了一件，马上就抢光了！

● 特价最后一天，明天恢复原价。

● 特价最后10件，卖完恢复原价。

● 本社群仅限总监级别以上才可以申请！

● 本活动仅限广州地区女士申请办理！

（4）产品属性：材料、工艺、产地

这条技巧就是在文案中告诉消费者，关于产品特有的属性。比如材料方面，家具是采用梨花木或者其他的稀缺材料制作，因为这些材料本来就稀缺珍贵，所以价值感自然就提升了。关于产地，如果是茶叶，可以说产品产于云南最好的土壤。如果牛奶产品来自新西兰，那么也可以写下来，因为大家都知道新西兰的奶源全球著名，产品价值自然提升。

还可以讲讲产品的工艺。比如手机，很多手机厂商的文案中都在强调工艺，如金属边框、陶瓷工艺。

比如××手机的文案描述：不仅汇聚了新的科技，更是一件掌中艺术品。精心打磨的不锈钢金属边框、镁合金轻盈构架成就了其坚固的机身，超窄边屏幕的精妙设计，宛如艺术品般的后盖赋予了手机舒适的手感。全新一代手机，由内至外全面升级。

（5）生产者：专家、设备、规模、专利

在文案中告诉消费者，关于产品生产的环节及优势，还可以在文案中告诉消费者，公司拥有的专利和相关的资质等。

- 比如聘请行业 ×× 权威专家指导或者加盟。

- 比如采用 ×× 牌先进的机器设备。

- 比如公司的员工规模，子公司数量，每天生产和销售产品的规模。

（6）品牌相关：名人、荣誉、故事、创始人、合作方、员工学历

公司或产品和哪些名人有过接触，谁曾使用过？谁代言过？与谁合作过？讲述公司或者产品曾经获得过的行业的、地区的荣誉，或者权威机构颁发的表彰。

如果创始人是一位有故事、有影响力的人，那么还可以讲讲他的故事和经历。再者，还可以告诉消费者公司的合作方、投资人等，借用第三方的名气让产品更有价值。

（7）和同行比较

和同行对比是突出产品价值感的好方法。因为普通消费者并不是某个产品领域的专家，他们很难直接判断某款产品的优劣，只有通过对比才能得出结论。写作者可以找一两家差异不多的同行产品做对比，可以采用图片、视频等形式。比如手机，可以对比手机各种参数和工艺等。

（8）和自家产品比较

还可以和自家的产品对比，对比不同时期不同版本的性能和价格，以突出现有产品的价值。

比如，产品 A 从生产到现在一直都是售价 2 000 元，这一次仅售 1 600 元，消费者只要关注过这款产品，自然觉得现在购买更加划算。就拿手机来说，发布的时候价格一直是 2 500 元，突然某一天降价了，只要 1 500 元，配置一样的产品，但是价格降低了很多，消费者自然会争先购买。

当然，还可以对比同一款产品不同型号的价格。比如手机产品 32G 版本 1 800 元、64G 版本 1 900 元，消费者一对比发现，才多了 100 元钱就可以多出 32 G 的存储空间，自然觉得 64G 的更划算，从而果断购买。

（9）和日常生活物品比较

在解释产品价格的时候，经常用到这个技巧，就是把产品的价格和日常生活中经常遇到的商品物价做对比，让消费者觉得报价是合理的。比如，这个产品只要一包烟的钱就可以了，是不是很划算？或者，才一顿饭的钱，能帮你解决这么多麻烦、得到这么多好处，是不是很值得？

（10）赠送大量相关产品

这是一个非常好用的技巧，在写文案销售产品的时候，赠送大量相关的、有价值的产品，目的只有一个，让消费者觉得购买产品很值！比如，以下是一篇瘦身产品文案的部分内容，采用赠品策略，价值感是不是增强了？

举例 1：

×××瘦身产品

主课程：瘦身产品一套

奖励 1：论坛 VIP 账号

奖励 2："内部"资格

奖励 3：免费设计瘦身文案

奖励 4：免费使用瘦身器材

奖励 5：顾问一对一免费咨询

分析：通过提供多个相关赠品的方式来提高主产品的价值。

还有一个例子就是，在电视购物平台购买一口价值 200 元的锅，会收到一大堆的厨房用品作为赠品，目的就是让消费者觉得物超所值。

（11）花费大量时间、精力和金钱

这一条也是不错的塑造价值的策略。

举例 2：

我们的手工品由张师傅制作，张师傅从事雕刻行业 30 年，拥有很多宝贵经验……

分析：把宝贵的经验用于产品上，自然能增强产品的价值感。

如果商家的产品也是纯手工之类的，文案写作者完全可以在文案中说明，一天只能制作几件，消费者自然觉得比较有价值。

（12）和痛苦比较，放大痛苦

文案写作者还可以利用消费者的痛苦来塑造产品的价值。

举例 3：

想象一下，因为老板影响力不够，公司每年会损失多少合作机会。因为老板不知谈判技巧，公司每年损失多少利润。因为老板没有领导力，公司每年流失多少人才，甚至无法吸引人才。本课程专为老板设计，仅需____元，为您解决职场大难题。

分析：少量的费用却能避免巨大的损失，体现价值感。

总之，要让消费者感觉到如果没有产品帮忙，他们会很痛苦，而如果只花一点钱就能消除痛苦的话，他们会觉得很值得。

（13）成功案例

在文案中写下成功案例的时候，如果能加上客户头像、昵称、大概地区等具体的信息，就更有说服力了。当然，前提是事先争得消费者的同意。

下面就是一个很不错的例子，一篇文案中可以运用 3~5 个案例，可以是语音形式、信件形式、视频形式等。

举例：

> 我叫阿明，在深圳开了一家贸易公司，我们的订单主要来自网络，在很多平台打过广告，流量还不错，就是没什么成交量，广告费几乎都打水漂了。后来经过朋友推荐，我在"文案一百"学习了 13 天 ×××，真没想到，我一个文案写作的门外汉，通过系统的训练方法，也能在短时间内掌握核心技巧，而且我还给朋友的公司策划过两份文案。感谢"文案一百"的团队，他们的训练方法很奏效，让我省了不少广告费。
>
> —— 2017.2.22 广东深圳杨明 ×× 贸易公司
>
> 分析：客户的成功案例说明产品有效果，回报高，体现了价值感。

3.14　模块 14　深层诉求

文案写作者可通过激发读者情感需求，挖掘深层次诉求，激活内心渴望，让文案拥有灵魂和感染力。可以说，这部分技巧决定着写出来的文案是否能打动人心。文案高手和文案写作者的区别也在此。

举例 1：

> ● 名表体现男人的品位。
>
> ● 名表是一个概念，一种象征。
>
> ● 男人应该犒劳自己一块劳力士手表。
>
> 分析：有些人购买名表并不是用来看时间，而是用来体现身份。

下面讲个生活中的案例，来帮大家理解什么是表面需求，什么是深层诉求。

举例 2：

杨总买房

有一天，杨总约见了两家房产公司销售代表，打算买房。

第一位销售代表对杨总说："杨总，我们公司目前推出的 × × 房型，面积足够大，采光足够好，价格也优惠，有投资价值，您要不要考虑一下。"

第二位销售代表对杨总说："杨总，我们公司目前推出的 × × 房型，虽然面积不是很大，价格也有点高，不过，附近不远处有游乐场和幼儿园，旁边是派出所，这一带治安特别好，听说您妻子即将生小孩，对于三口之家，这个地方再适合不过了。"

最终，杨总选择了第二位销售代表推荐的房子。因为，杨总希望为家人找一处生活便利且治安良好的居住环境。

分析：消费者的需求分为表面需求和深层诉求，写作者应该加以挖掘。

当面对不同消费者人群的时候，写作者要学会分析不同人群的表面需求和深层诉求，尤其要挖掘深层诉求，写作文案时才可以有的放矢，击中人群痛点。

对于文案写作新手，他们会急急忙忙赶着完成一篇文案，没有花大量时间去研究消费者的深层诉求，自然写不出打动人心的文案。对于文案写作老手，他们会花较多时间去分析消费者需求，挖掘其深层诉求，写出的文案可以获得大量订单！

综上，消费者的深层诉求才是重点，写作者可以借助马斯洛需求理论，找到消费者的深层诉求。

马斯洛需求理论

为了能帮助写作者更好地找到消费者购买产品的背后还有什么隐性的深层诉求，可以运用马斯洛需求理论来作为挖掘工具。结合产品，然后对照马斯洛的需求层级，看看产品能满足消费者哪些方面的需求，把能对应上的全部记录下，整理成 1~3 段写到文案中。

马斯洛的需求层次理论对文案写作来说，起着很大的作用，指导写作者不仅仅要从理性层面创作文案，还要击中消费者的痛点。在马斯洛看来，人类价值体系存在两类不同的需求，一类是沿生物谱系上升方向逐渐变弱的本能或冲动，称为低级需求和生理需求；另一类是随生物进化而逐渐显现的潜能或需求，称为高级需求。

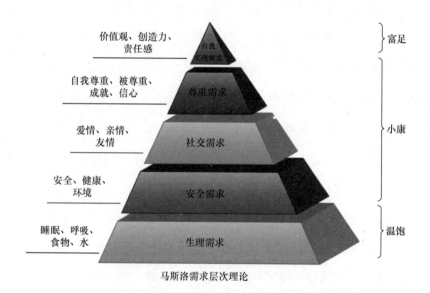

马斯洛需求层次理论

人都有五种不同层次需求，这些需求往往是无意识的，写作者可以结合产品和目标人群的特点，在这五种需求中寻求共同点，然后在文案中写下适当的段落。

马斯洛需求层次理论把人的需求由低到高分为以下五类：生理需求、安全需求、社交需求、尊重需求和自我实现需求。

越低层级的需求越强烈，比如一个人既饥饿又没工作，还被人看不起，那么这个人最强烈的需求是摆脱饥饿，因为饥饿是最低层的需求。当人的生理需求得到解决后，才会唤起更高层级的需求。

五种不同层次的需求解读如下：

（5）自我实现需求

自我实现包含追求梦想，实现抱负等。这是人类最高层级的需求，人们往往想成为某个领域的顶尖人物，想发挥个人能力到极致。

比如，在写作创业相关的文案时可以采用大篇幅文字来鼓励人们去追求梦想，阐述梦想是多么难能可贵等，而不是直接在文案中介绍创业项目。

（4）尊重需求

尊重需求包含自我尊重和被他人尊重两种。自我尊重是指自我的能力、自信、独立、自由等，被他人尊重是指有名誉、有威望、有地位、被肯定、高度评价、被信任等。

比如，在瘦身类的产品文案中除了讲解产品的优点，还可以讲解消费者瘦身成功后将会收获更多的自信和别人的羡慕眼光。因为许多过度肥胖的人都有一些自卑心理。

（3）社交需求

社交需求，包含亲情、友情、爱情，同事之间的关系、宗教相关的关系、圈子相关的连接等。它是人与人之间的连接，产生的交际关联。

比如，在销售英语口语课程的文案中除了讲解英语课程的突出卖点，还可以告诉消费者报名课程之后可以进入一个什么样的圈子，能认识哪些人，人们都渴望扩大自己的生活圈子。

（2）安全需求

当低层级的需求得到满足后，人们开始追求安全方面的需求，包含治安、健康、法律、医疗、资源、教育、财产、工作等。

比如，在写作门锁等相关的产品文案时，写作者在介绍完产品优势之后可以描述大多数房主可能面临的危害因素和安全问题，还可以在文案中介绍一些典型的案例素材，尤其是近期发生的事件，以此来提升房主的安全需求感，增加房主的购买行动力。

（1）生理需求

生理需求，是人类赖以生存的最基本需求，它包含食物、饮水、住所、睡眠、空气等。如果产品的客户群体正处于这个层级，写作者只需直接在文案中大篇幅讲解产品是如何解决该问题的即可。

比如，讲解产品如何提供更好地保暖功能，讲解产品如何更好地保证睡眠，讲解产品如何高效除菌等。

马斯洛认为人的需求是自下而上满足的，如果存在多个需求的情况下，人们一般会在满足低层需求后再去追求高层需求。但现实生活中，情况并非绝对如此，比如有些创业者宁愿居无定所，食不果腹，也要去实现心中的梦想。任何理论都不可能完全解读个体的情况，这套理论仅供参考。

3.15 模块 15 购买动机

消费者买的不是产品，而是产品给他们带来的好处。人们购买一部手机，可能国产手机就不错，基本能够满足上网和通话需求。但是，很多苹果手机的买家不会这么想，因为他们觉得苹果手机代表着身份地位及品位。这就是客户消费背后的行为动机。

文案写作者在下笔之前，请认真看完这里的 21 个能刺激消费者购买的动机，并认真去思考商家产品和这 21 个动机有哪些关联，思考如何将其应用于文案写作，才能写出打动人心的文案。

能刺激消费者购买的动机

（1）为了权利

（2）好奇求新

（3）想要赢

（4）逃避孤独

（5）爱与被爱

（6）为了赚钱

（7）从众行为

（8）为了炫耀

（9）为了被尊重

（10）表达自我

（11）为了自由

（12）兴趣偏好

（13）为了方便

（14）出于害怕

（15）出于爱美

（16）宗教信仰

（17）与众不同

（18）为了省钱

（19）为了健康

（20）出于互惠

（21）为了生存

综上，创作文案时一定要意识到：用户买的不是产品，而是更好的自己。文案卖的不是产品而是文化（情怀、情感、感觉……）。行业不同，产品不同，但是消费者都可能会有这21个方面的需求，写作者应该静下心来，认真琢磨消费者，认真研究产品，才能把这21个购买动机结合到文案中，这样的文案才能够真正打动人心，让消费者产生共鸣。

3.16　模块 16　额外价值

在文案中，除了写产品的常规功能和好处之外，还应该写写产品带来的其他额外的好处，来增强读者的行动力。比如参加英语班，除了学习英语，还能认识很多志同道合的朋友，能认识外教，能参加课外活动……

举例 1：

英语培训的额外好处文案

（1）可以认识更多朋友，拓展交际圈。

（2）课堂中提供许多互动环节，锻炼你和陌生人打交道的能力。

（3）按时上课，学会合理安排时间，磨炼你的意志力。

分析：体现额外好处能提升想学习英语的人群行动力。

举例 2：

管理培训的额外好处文案

（1）开拓高端人脉资源，寻求更多合作。

（2）可以和师生共探讨公司遇到的问题，收获解决方案。

（3）课程地点位于 ×× 景区，可以放松心情。

分析：很多学习管理类课程的人是为了结实人脉而去报名培训的。

3.17　模块 17　客户见证

如果读者对广告文案没有反应，那么综合起来有四种主要原因，其中最重要的一点就是他们不相信文案中的表述。所以，恰当地使用客户见证和客户成功案例，是打消读者疑虑的好办法。

以下便是一个恰当地使用客户见证来打消读者疑虑的案例。其中，如何恰当地使用才是关键。

举例：

"我一开始不相信是真的，在刚开始使用×××产品的时候，我的体重是75公斤，使用30天之后，惊奇地减到了71公斤，我兴奋不已，对产品使用效果很满意，并打算继续使用这款产品。"

——陈丽丽，公司会计，江苏南京玄武区

分析：一则好的客户见证比商家的自述更有说服力。

客户见证的内容要使用完整的姓名和完整的城市名称以及省份名称。这样才会显得更加真实可信。在征得客户同意的情况下，可以考虑多添加一些客户的具体信息，如邮箱、住址、年龄、职业、经历等。

如何得到客户见证材料

写作者不可以坐等客户自发寄来一份客户见证材料。如果想让客户为商品提供真实见证的话，提供给客户一些好处是个不错的思路。

直接告诉客户，如果他们可以提供一份产品使用评语，他们将会得到一份礼物。然后，继续告诉他们，如果允许将这些评语写在文案上，那么可以给他们100元或是其他礼品。总之，要征得客户的同意。

笔者曾经销售过一款瘦身产品，当时告诉客户，如果他们可以写一份关于本产品的反馈，将免费为他们提供一个周期的产品。结果收到了35份客户见证材料！这么多客户见证，足够了。

3.18 模块 18 行业内幕

在文案中，简单描述某款产品或者某个行业的内幕，进而解释，为什么有些消费者购买过很多同行的产品，问题依旧没有得到解决。由于这个内幕和读者的切身利益相关，这些信息出现在文案中，对读者来说就有很大的价值，是非常有用的信息。这些信息不仅可帮助读者解决困惑，同时读者在做购买决定时，这些信息都是很好的参考。

帮读者找出妨碍他们实现梦想的障碍，然后提供消除障碍的方案。一些行业内幕，往往就是阻碍读者实现梦想的罪魁祸首。如此一来，既能吸引读者的注意力，又能赢得读者的信任。

但是，在具体运用过程中，要注意以下几个方面：

● 建议不要指名道姓，不要具体指出某家公司或者某个人，商家没必要树敌。

● 不要过度揭露某个行业的内幕，讲得太深可能会吓到读者，读者反而不知所措。

● 只需简单讲几句大家能普遍公认的内幕，提醒读者即可。

举例：

质量问题

游戏手柄，放一个高仿的放一个组装的，高仿的充当原装货，组装的充当高仿货，让买家试手感，买家就上当了，商业机密啊……

分析：读者看到这个质量内幕后，会担心买到高仿货，便想知道如何避免，于是会愿意了解商家推荐的产品。

3.19　模块 19　亮出缺点

在做产品的宣传介绍之前先揭示一些产品的弊端。这样对产品直言不讳地表露缺点，将使广告文案更可信。

举例 1：

"虽然此款瘦身产品可以快速代谢脂肪，帮您实现快速瘦身的目的。不过很遗憾，此款产品不能保证您永久保持苗条的身材，它的效果是短期的。您必须在减轻体重后，注意饮食和加强锻炼，才能长期保持好身材。"

分析：适当讲解产品缺点，显得真诚可信。

举例 2：

"此款手机的后盖漂亮且精致，做工堪称完美且工艺出众，但是它有一个小缺点，它是玻璃材质所以易碎。若使用不当，可能会给您带来损失。为此我们特别提供了一项保险服务。"

分析：讲解手机的不足之处，消费者会认为商家比较诚信。

在陈述产品的效果之前，添加一些对产品弊端的表述会让人感到更加可信。一般来说，陈述两个负面的产品信息，再加上四个正面的产品信息，比直接写八个正面的产品信息要更加让人信服。文案写作者应该找出产品 1~3 个不是致命性的缺点写到文案中，让整篇文案看起来可信度更高。

3.20　模块 20　巧妙定价

在文案中，巧妙定价模块一般出现在最后部分。倘若价格非常有优势，才可以把定价放在文案开头。关于如何定价，这里提供了一些技巧。好的定价技巧可以给读者营造出一种"高性价比"的感觉，让读者更乐于接受报价。

采用多个定价

这种方法一般是在文案中提供不止一个报价，通过提供多个附加报价来突出主报价的价值。例如，按照计划，公司主推32GB的手机售价2 000元，写作者在写文案的时候就不能只提供一个价格，要引入多个附加报价来突出主报价。

下面以××手机价格为例：30GB的手机售价1 900元；32GB的手机售价2 200元。相比之下，绝大多数人应该会选择后者。

> **举例：**
>
> ● 纤瘦轻松瘦身产品一盒298元
>
> ● 纤瘦全面瘦身产品二盒398元（送价值100元进口面膜）
>
> ● 纤瘦巩固组合产品三盒994元（送价值200元进口面膜）
>
> 分析：消费者一般会选择两盒装，因为它更实惠并且有赠品。

低价格和高价值对比

先塑造高价格的印象，再给出实际价格。比如，××线下培训班，3天2夜，培训价格10 000元，现已录制成DVD，仅需398元，包含线下培训班的全部内容。又比如，××软件平常售价1 000元，现在可以1元使用30天。

注意事项

● 在报价环节，可以制造稀缺性和紧迫感：不同时间、不同名额、价格不同。

● 在报价环节，建议找本产品的另一个版本对比报价，突出本产品的价格优势。

● 在报价环节，如果没有同款其他参数产品对比，那么可以采用"购买一件多少钱，购买两件多少钱"来给出价格锚定。

● 实在没有价格对比的话，建议为主产品增加一个赠品，也可以做成套餐，用于价格对比。

总之，在报价环节，建议不要只出现一个单一价格。只有通过对比，消费者才能判断哪个报价更划得来，以便做出选择。

3.21　模块21　成交主张

商家一定要勇于承担责任，做出承诺，让客户真正为价值买单，尽可能地降低客户的购买风险。以下是成交主张示例。

举例 1：

> 零风险承诺。×××老师承诺，您在看完全部光碟内容后觉得×××课程内容对您没有帮助，可以在一个月内无条件全额退款，并且我们还将额外赠送您一个小礼物作为补偿。

为了更好地理解成交主张的重要性，方便写作者运用到文案中并发挥它的威力，再看一个示例。

举例 2：

三个商家

陈总想去购买瘦身类的产品，但不知道哪一款比较好。于是他挑选了三个商家的产品，并与其交谈。

第一个商家对陈总说："我们的产品是目前国内很受欢迎的产品，已经帮助无数人成功瘦身，价格只要1000元，如果你想瘦身的话，欢迎购买。"

> 第二个商家对陈总说："这款产品的效果没得说，价格才1000元，如果您不放心的话，可把产品先买回去，使用30天后如果不满意请把剩下的产品退还给我们，我们折算相应费用退还你。"
>
> 第三个商家对陈总说："这是我们店铺的主打爆品，价格1000元，选择我们没错的。为了让您满意，发挥产品的最大效果，您购买产品后我们将有专门的指导团队根据您的自身情况，为您量身定制一套瘦身方案。此外您使用30天后，发现没有减重5斤以上，请联系我们，我们将退还您所有的货款。"
>
> 分析：好的成交主张是双方都受益的，消费者可以大胆放心地购买产品，而商家通过提供更多增值服务来得到更多订单。

这位陈总最终会从哪个商家购买产品呢？毫无疑问，正常情况下会从第三个商家处购买。第三个商家的做法有何不同？

总结起来有以下两点：勇于承担风险和提供更多服务。

第三个商家知道，消费者会担心产品的效果，害怕白花钱了。即使商家拥有优质的产品，也需要打消消费者的这个顾虑才能收获更多订单。所以要大胆承诺，如果达不到效果就全额退款。如此一来，消费者可以更加放心地购买产品。与此同时，第三个商家为了让消费者收获更好的瘦身效果，还无偿为消费者提供了更多服务：量身定制瘦身方案，让消费者在使用产品的同时，配合科学的饮食和运动方案，达到更好的瘦身效果。

以上两点都是消费者希望从商家那里获得的，所以第三个商家提供了很好的成交主张。

以下是关于如何对客户进行保证，打造不可抗拒成交主张一些方法。

七天内退款承诺

这是消费者期望的最基本保证。比如，商品在不影响商家二次销售的情况下，消费者可以申请全额退款。如果商家无法提供这个保证，可能会让消费者怀疑商家的产品质量，怀疑商家对自己的产品并没有足够的自信。所以商家一定要为消费者提供七天内退款保证。

免费试用

这是比较常用的方法，免费领取试用样品或者免费试用产品一段时间，以及免费试用产品的部分功能。商家可以象征性收取少量费用，比如邮费等。操作方法讲解：以瘦身产品为例，商家要求消费者支付19元作为邮费和包装费，然后把7天的试用装邮寄给他们，在包裹中加入产品的文案素材，消费者试用后如果满意就会继续付款购买产品。

购买送赠品

当消费者购买产品时最好为他们提供一个免费的礼物，虚拟产品是优先选择。提供赠品礼物并不会增加商家的产品成本，却能提高成交率。

提供分期付款

如果商家销售一个高价格的产品，为顾客提供分期付款是很有必要的。商品的价格越高，消费者的行动力就会越低，提供分期付款可以增加消费者的购买动力。

货到付款

这个方法非常有效，尤其是针对高价格的产品以及需要验货的产品，这类型的产品比较适合运用货到付款这条策略来降低客户的购买风险。

有条件的退款保证

此类承诺仅仅是在产品或服务未达到某种状况的时候才可以执行。比如，"若此产品在30天内没有达到90%的预期效果，那么公司将退还您所有的货款。"也就是说，除非商品质量不佳，消费者才会索取退款，否则商家几乎没有什么损失。

双倍退款

此类承诺必须是要有条件的，否则商家将损失巨大。比如，购买此瘦身产品的消费者，必须每周控制饮食和参加运动，并且定时反馈体重数据，每天按时使用产品，如果消费者做到以上这些，使用产品 30 天后不能达到效果，我们承诺双倍退款。双倍退款承诺一般运用在效果比较明显的产品上。

保留赠品

商家可以放心地向消费者承诺，无论购买后多少天，都可以退回产品，并且让消费者在得到退款之后，仍然可以免费保留所有的赠品。

额外多加 20% 退款

文案中可以这样写作："如果您在使用本产品 30 天内，不能达到＿＿效果，我们将退回给您全部费用，以及额外支付给您 20% 的货款，算是对您付出时间的赔偿，我们希望下次还有机会再与您合作"。

部分退款承诺

一些有时间周期和数量级别的产品比较适合本方法。比如，一款软件的使用年费 1000 元，如果消费者只用了半年，那么可以退回 500 元，以此类推。如果是消耗类的产品，比如消费者购买了 10 瓶美白护肤霜，只使用了 3 瓶，那么将可以退回剩下 7 瓶的货款。如果商家能提供类似这样的主张，这无疑是消费者的福音。

3.22 模块 22 稀缺性

通常采用限制数量的方法来打造稀缺性，可以是主产品的数量限制，也可以是赠品的数量限制，或者是优惠名额的稀缺。

稀缺性模块的通用模版

（1）只售＿＿＿套，售完不再生产。

这是最基本的技巧，告诉读者，产品的数量有限，并且解释数量稀缺的原因。

（2）前＿＿＿名优惠＿＿＿元，＿＿＿名以后恢复原价。

比如，前 10 名优惠 100 元，10 名后恢复原价 398 元，从优惠名额方面塑造数量的稀缺性，并且解释数量稀缺的原因。

（3）前＿＿＿名购买，额外赠送价值＿＿＿元的超值赠品。

这个技巧是从购买名额和赠品层面做限制，强调赠品数量有限，并且解释数量稀缺的原因。

让稀缺性更加可信

运用此策略时，一定要讲明稀缺的原因，否则不可信，也没有效果。比如写作者想告诉读者："我们的培训班只招生 30 人，错过这次机会，需再等半年。"写作者希望通过数量限制，促使大家尽快报名！

但是，读者会当真吗？不会，至少绝大多数人都不会当真，因为这样的用法很老套，读者会想："骗人的，招完 30 人之后，肯定还会继续招生，我才不相信你。"

很多人的第一反应都是这样的，因为读者已经被各种各样的市场营销策略教育过很多遍了。这时候，写作者应该想办法让读者觉得商家主张的数量有限是真实的。写作者需要在文案中证明给读者看，告诉读者，商家没有说谎，的的确确是"名额有限"。写作者可以展示一张会议室的全景照片，告诉读者这个会议室确实只有 30 个位子，或者这样说：老师要一对一进行指导和批改作业，因为时间和精力有限，最多只能服务好 30 个学生。

这样效果是不是好多了？是不是让稀缺性策略更可信了？不管写作者使用什么样的策略来制造稀缺性，一定要让策略变得可信，一定要向读者证明数量稀缺是真实的。

3.23　模块 23　紧迫感

紧迫感主要偏向于制造时间方面的限制。文案写作者写文案的时候，可以运用紧迫感模块制造紧迫感，从而促使读者尽快采取行动。

举例 1：

> 2011 年 9 月 30 日前订购，产品价格仅为 398 元！对！只需要 398 元！

举例 2：

> 现在起截至 7 月 15 日，6 折特惠！7 月 16 日至 8 月 1 日，7 折特惠！8 月 2 日至 8 月 15 日，8 折特惠！8 月 16 日至 8 月 30 日，9 折特惠！9 月 1 日，全面恢复零售价！

紧迫感的通用模板

（1）离打折期限还剩____时____分____秒

有时间限制，消费者的心里才会有一种紧迫感，担心价格上涨，从而赶紧做出决定，但一定要解释时间紧迫的原因，才会更真实、可信。

（2）销售截至____号

消费者会考虑在截止日期前做出决定。

（3）今天购买，额外赠送＿＿＿超值赠品

利用赠品鼓励消费者当天购买，并且解释时间紧迫的原因。消费者会担心万一当天不买，第二天赠品便会取消。

（4）本期购买可享受＿＿＿元超低价，明日起，每天上涨＿＿＿元

文案写作者要解释时间紧迫的原因。相信每个消费者都希望以更低的价格买到更好的产品。同一个产品，没有人希望花更高的价格买到。

同样的道理，运用紧迫感模块的时候，一定要讲明时间紧迫是有原因的，并加以说明。比如，如果是店庆优惠，就要贴出开店日期等相关资料作为证明。比如，合同到期，全场打折，最好提供合同复印件。

稀缺性和紧迫感组合

稀缺性和紧迫感组合在一起，会不会让广告文案更具营销力？看以下示例。

● *每天前＿＿＿名购买，可享受＿＿＿元超低价，并获得＿＿＿超级赠品！*

● *＿＿＿超级赠品只有＿＿＿份，送完为止。*

● *＿＿＿超级赠品只限＿＿＿号前购买的消费者拥有，＿＿＿号以后，我们将无法保证赠品的数量。*

当然，写作者可以进行各种组合，"主产品数量限制""主产品时间限制""赠品数量限制""赠品时间限制""价格涨幅或打折程度"之间，抑或其他对消费者有利的方面，比如限时包邮，前几名包邮，××日期前免费试用等对消费者有利的方面都可以用来制造稀缺性和紧迫感。写作者需要灵活组合，变换出各种制造稀缺性和紧迫感的策略。

3.24　模块 24　行动号召

行动号召模块出现在文案中，目的是给读者一个清晰的行动指令，明确告诉读者应该如何去做，以及会得到什么样的回报。行动号召的内容越具体越明

确，读者的回应率就会越高。因为很多读者不喜欢去想象、去思考、去理解、去琢磨。这个模块一般出现在文案的后半部分。

举例1：

马上输入你的联系方式！全国货到付款，免运费！30天退款保障。

举例2：

如果你所在的地区，快递公司没有开办货到付款业务，你也可以直接拨打____免费电话××××××××，进行电话订购……

举例3：

在线订购《单词记上瘾》套装。请你在下面表格填写详细信息，申请在线订购、货到付款服务。

这就是行动号召，包含清晰、具体、明确的行动指令，而不是含糊不清地说"联系我们吧，你将得到产品"。

3.25　模块25　临门一脚

这个模块往往用来打消读者最后的顾虑。很多时候，读者会有一种负罪感，觉得这样花钱对不起家人，是一种不太合适的消费行为，他们会犹豫不决，会有顾虑。写作者应该想办法给读者一个合理的理由，消除读者的这种感觉。

举例：

为了能满足少部分迫切需要学习单词的朋友的需求，再加上时间仓促，本期我们只制作了100套教材，卖完后要再等三个月。时间才是最大的成本，如果你希望拥有这套教材，作为给自己 2019 年的自我提升礼物，现在就要联系客服占上名额，你会享有特惠价以及两大赠品。

一篇文案的最后部分是至关重要的，我们写作营销型文案的目的是希望消费者有所行动，而不是希望消费者看完文案之后什么也不记得，什么行动都没有。"临门一脚"模块一般放在文案的最后部分，用来打消读者的购买焦虑，并且鼓励读者采取相应的行动。

以下是常用的几种方法。

善待家人

在文案最后部分向消费者强调，购买此产品可以让家人变得更好。这就好像给了消费者一个购买产品的定心丸。

- 买客厅大一点的房子，过节时家人团聚更热闹。
- 这款按摩椅购买回去全家都可以使用，让全家人都能缓解疲劳。

善待自己

人生就没有容易二字，大多数人都经历过生活的艰辛和痛楚，所以善待自己可以成为消费者购买产品的合理理由。

- 年底都在加班吧，买个按摩枕头睡个好觉吧！
- 又被老板骂了？项目又没通过？到这里享受健身，调整心情！

特殊类理由

特殊类的理由一般产生于不经常发生的事件，就好像跟消费者说，"偶尔消费一次而已，又不是天天这样"。大多情况下，当人们想下决心做一件事情的时候，都在为自己的行为寻找合理的理由。

- 每年只有一次情人节，破费一次是应该的。

- 今天谈成一个大订单，应该吃顿好的犒劳自己。

促销类理由

促销意味着如果不赶快行动，当前的优惠和特权可能会很快消失。此时消费者会产生一种将要失去和错过的感觉，担心以后可能需要花费高昂代价才可以得到产品。这样的理由能使消费者打消顾虑，立即行动。

- 双十一当天，全场五折，错过要再等一年。

- 本店新款服装仅到货30件，××明星签名限量款。

3.26　模块 26　列举说服

在文案中应该把产品的优势和劣势全部罗列出来，让消费者对比，基于趋利避害原则，大多数消费者会选择产品优势。

举例：

何必继续忍受那些效果差的产品呢？何必每天花费大量时间运动，控制饮食，忍饥挨饿，然而体重却无法减轻。

请您拨打电话＿＿＿，订购我们的产品。产品使用很简单，您完全可以一边工作一边瘦身，您只需按照说明使用90天，将看到一个苗条的自己。到时您的朋友一定会迫不及待地问您："究竟用了什么方法，仅一个月时间体重就减下来了？"

分析：在文案中列举采取行动的好处和坏处，增强消费者的购买行动力。

运用列举说服模块，可以将产品信息制作成图表，让消费者对比利害。以下是两种比较常用的思路。

第一，对比产品带来的好处和消费者目前正在面临的烦恼、痛苦

比如，"为什么不试试这款瘦身产品呢，它可以让你摆脱现状……"做成对比图表，写 10~20 个坏处和 10~20 个好处，全部罗列在文案中。

第二，对比现在行动的好处和不行动带来的损失

比如，现在下单，可以享受五折优惠，并且有一份赠品提供，而且包邮。如果错过了今天，将恢复原价，赠品也可能送完了，且不再有。

3.27 模块 27 从众效应

从众效应就是销量好的产品销量会越来越好，销量差的产品销量会越来越差。在文案中应该暗示，商家的产品销量很大，很受欢迎，从而让消费者跟随大众，选择商家的产品和服务。

举例 1：

发货信息随时更新，最新 24 小时下单者列表：

吴×× 电话：[0431-86****] 吉林省长春市 ×× 区 ***

王×× 电话：[1316872****] 广东省深圳市 ***

李×× 电话：[1594450****] 吉林省通化市 ××× 区 ***

孙×× 电话：[1516260****] 江苏省昆山市 ×× 镇 ***

张×× 电话：[1390222****] 广州市越秀区 ×××***

童×× 电话：[1386662****] 安徽望江县 ×× 街 **

张×× 电话：[1585000****] 安徽省蚌埠市 ×× 街 **

举例 2：

"这是今年的流行款式，是××明星同款""这是今年流行的颜色，卖得很火"。

举例 3：

"更受欢迎的新闻"，到影院观看"排行榜靠前"的电影，选择到"大众点评"评分较高的餐厅就餐。

举例 4：

在线人数____，每天销量____，会员人数高达____，大家都在用。

以下是 11 个写作技巧，写作者可以选择合适的写进文案中，暗示产品卖得好。

- 快递单：展示大量快递单。

- 库存：展示库存信息。

- 与客户的合影：展示大量与客户的合影，以及客户的单独照片。

- 客户咨询记录：展示客户到访记录、网站浏览量、客户聊天咨询记录。

- 客户评价：展示客户的反馈和评价，以及成功案例。

- 付款截图：展示客户支付界面截图、账单、发票。

- 客户订单：实时展示订单信息。

- 各大平台的软文：告知客户公司或者产品曾出现在哪些网站和新闻报刊上。

- 与知名公司或名人的合作：告知客户与知名公司合作、名人代言、名人推荐等信息。

- 公司规模：说明公司数量、员工数量及产品数量。

● 销售额：展示某个时期内的订单数、销售额、客户数量、销量及在××平台的排名情况。

3.28　模块28　附言提醒

附言提醒模块一般放在文案的最后部分，把重要的信息再次提及，避免由于文案篇幅太长，读者忽略掉重要信息。附言提醒模块既可以用于画龙点睛，也可以用于强调独特卖点，还可以用于强调稀缺性和紧迫感。

举例1：

附言：我们每天晚上只能够接纳12对夫妇来享受这个特制的浪漫晚餐，所以我觉得您应该尽快打电话进行预订。请向＿＿咨询，时间为每天中午9点到晚上10点。

举例2：

附言：向大家说明非常重要的一点，订阅《××课程》是免费的。

举例3：

附言：加入很简单。现在就立即行动，拨打电话××××参加体验活动吧！

举例4：

请注意：我们只为前3 000名报名者提供特别的优惠措施，优惠措施将为您节省大量金钱。以下就是我们为您开出的具体的特惠待遇。

3.29　模块 29　个性介绍

如果读者对文案写作者和商家一无所知，将面临严重缺乏信任感的局面。如果文案是写给陌生的读者，假如公司和产品的知名度也不高，那么建议在文案的最后部分加上个性介绍模块，让读者可以得到更多关于公司和写作者的信息，以增强信任感。个性介绍部分，可以介绍公司的发展史，介绍产品的生产研发过程，介绍团队成员，介绍创始人的故事，介绍公司文化和使命……

举例 1：

公司发展史：

××年开发第一代____。

××年分公司成立____。

××年公司规模达到____。

××年产品线扩大到____。

详细介绍……

分析：这是介绍公司发展史的常用技巧，可让文案更真实可信。

举例 2：

我们的团队成员：

a 来自____，毕业于____，岗位____，擅长____。

b 来自____，毕业于____，岗位____，擅长____。

c 来自____，毕业于____，岗位____，擅长____。

详细介绍……

分析：这是介绍团队成员的常用技巧，可让文案更真实可信。

3.30 模块 30 常见问题

假设写作者不懂任何文案技巧，也没时间去学习或琢磨，但是希望学到一招有用的，那么只需运用常见问题模块即可。

> 营销型文案就是消除营销障碍的魔棒。

写作者应该尽可能多地收集读者可能遇到的问题，然后做一个汇总，采用一问一答的形式，写成文案模块。这就是最简单有效的文案技巧之一。当然，常见问题模块可以当作文案中的一部分，而不是全部。在文案的最后部分，把读者可能遇到的问题都做一个解答，这样可以最大限度地打消读者的顾虑，进而促使读者尽快做出决定。以下是一些产品文案中运用常见问题模块的片段。

举例 1：

关于快递费：

发顺丰的价格是_____，发申通的价格是_____，发邮政的价格是_____。

关于发货时间：

每天 18 点之前的订单，当天发出，18 点之后的订单，第二天发出。

关于货到付款：

本产品在以下城市支持货到付款：_____；其他偏远城市暂时不支持。

关于退款问题：

本产品支持 7 天无理由退款，前提是产品保存完好，不影响二次销售。

分析：关于发货和退款的情况，是消费者比较关心的问题。

举例 2：

关于产品效果：

产品因人而异，一般情况下，使用 10 天后的效果是____，使用 20 天后的效果是____，使用 30 天后的效果是____。

关于适用人群：

仅限 20~45 岁的____方面健康的人士，____的人群禁止使用。

关于副作用：

本产品的成分为____，不会产生副作用，请放心使用，以下是____机构的检测报告。

关于使用周期：

建议持续使用 30 天，然后再根据效果决定是否继续使用。

分析：关于产品的使用和效果问题，同样至关重要，需要在文案中讲解。

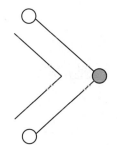

第4章
非常文案之框架设计

本章列举了10个不同行业的文案框架，根据不同行业的特点，选用不同的文案模块组合而成。供文案写作者参考和借鉴。学会举一反三，方可更加快速、高效地完成文案写作任务。

本章列举 10 个不同行业的文案框架，精简而实用，这些文案框架都是采用 30 个文案模块中的部分模块组成，写作者可以参考与借鉴，运用到文案写作中。文案框架可以帮助写作者理解并掌握本书介绍的文案写作理论，快速完成文案写作任务。

根据不同人群及产品的特点，总结了以下 10 个行业文案框架，写作者可以在现有文案框架的基础上，增加或者删减文案模块，搭建自己的文案框架。文字组织部分采用聊天式写作风格，读者可以自行修改成适合自己的写作风格。

4.1　软件工具文案框架

（调用模块 2：开场白）

终于，有一款＿＿＿的软件。

它有____功能，解决____问题。

现在你可以零风险试用____。

（调用模块 7：产品介绍）

软件功能 1、2、3：____。

我们的软件是如何让你的生意快速增长？

产品好处 1、2、3：____。

（调用模块 9：独特卖点）

老客户们对这款产品评价很高！

为了能帮您解决____问题，我们对产品做了全新升级，以下功能是同行不具备的。

独特卖点 1、2、3：____。

（调用模块 17：客户见证）

好产品在说话！

许多公司运用我们的产品，节省了开支，提高了利润，甚至有些公司在____方面得到了快速增长；

客户见证 1、2、3：____。

（调用模块 26：列举说服）

让你的投资物超所值！

想想看，如果你对公司现有的问题视而不见，听之任之，你将会损失____。

问题 1、2、3：____。

如果你愿意尝试我们的新产品，那么你的____问题将会得到解决，____方面将会得到提升。

好处 1、2、3：____。

现在下单，将得到不可思议的礼物。

如果你能在今天下单订购，我们赠送你____礼物，让你能搭配软件一起使用，发挥它更大的价值。

赠品 1、2、3：____描述赠品的价值：____。

（调用模块 21：成交主张）

零风险，全额退款承诺！

在你考虑要不要使用我们产品的过程中，你最担心的是万一不满意怎么办？

购买我们产品没有任何风险，在试用期____天内，你将____，如果没有效果，那么你跟客服说一声，我们将无条件全额退款。

4.2 生活用品文案框架

（调用模块 6：画面联想）

"当我到了 35 岁......！"

我的脸上皮肤变得松弛又粗糙，眼角还起了细细的皱纹，看上去老了十岁，如果一直这样下去，我会不会变成____。

更令我担心的是，目前的情况根本找不到合适的产品，让我____。

（调用模块 7：产品介绍）

一种新方法！

终于，有一种新方法解决了我的难题了____。

产品的由来____。

创新的地方 1、2、3：____。

（调用模块 17：客户见证）

我的皮肤有救了！

事实证明，使用＿＿＿产品可以＿＿＿。

客户案例 1、2、3：＿＿＿。

老公开玩笑地说"＿＿＿。"

同事开玩笑说"＿＿＿。"

邻居开玩笑说"＿＿＿。"

（调用模块 9：独特卖点）

安全无副作用的产品！

它的成分＿＿＿。

为什么是安全的＿＿＿。

能让皮肤更好的原理＿＿＿。

市场上绝大多数产品做不到＿＿＿。

独特卖点 1、2、3：＿＿＿。

（调用模块 21：成交主张）

零风险承诺！

如果客户收到产品之后不满意，怎么退换货？商家承诺＿＿＿。

（调用模块 24：行动号召）

购买很简单！

具体的购买方式，电话＿＿＿；订单＿＿＿；上门＿＿＿。

4.3　教育培训文案框架

（调用模块 5：挖掘痛点）

你是否每天面临着这样的问题，他们让你困惑疲劳？

问题 1、2、3：____。

这套方法可以帮助到你____。

（调用模块 29：个性介绍）

我叫____，拥有____技能，擅长解决____问题。

已取得这方面的____荣誉。

其他奖项____，头衔____。

（调用模块 7：产品介绍）

我的____名客户已经实现的了____的目标。

以下案例中的部分客户已经取得____方面的巨大突破。

（调用模块 9：独特卖点）

这是一套与众不同的方法！

这套方法是如何帮助客户实现目标的？

独特卖点 1、2、3：____。

（调用模块 26：列举说服）

这一切难道不是你想要的吗？

如果你选择加入我们，你将可以____。

好处画面 1、2、3：____。

4.4 商业机会文案框架

（调用模块 29：个性介绍）

为什么我们能做到这些？

我们的经历＿＿＿。

我们的故事＿＿＿。

在过去的几年里，我们取得了＿＿＿成就＿＿＿荣誉。

第三方机构的报道＿＿＿。

（调用模块 17：客户见证）

听听我们的客户怎么说！

客户见证 1、2、3：＿＿＿。

（调用模块 18：行业内幕）

可恶之处！

行业内存在欺骗客户的现象 1、2、3：＿＿＿。

我们的信誉在于＿＿＿。

独特优势 1、2、3：＿＿＿。

（调用模块 24：行动号召）

购买很简单！

只需＿＿＿。

你将得到＿＿＿产品。

（调用模块 23：紧迫感）

如果你在今天购买，还将得到以下赠品。

赠品 1、2、3：＿＿＿，价值介绍＿＿＿。

4.5 保健产品文案框架

（调用模块 5 ：挖掘痛点）

你还在忍受问题 1、2、3____。

尝试过____这么多产品，依然没有显著的效果？

你实在不想继续忍受____。

痛苦 1、2、3：____。

（调用模块 6 ：画面联想）

那么请你接着往下看，我将告诉你一个新方法____，解决你的____。

从此之后，你将变得____。

好处 1、2、3：____。

（调用模块 29 ：个性介绍）

我们的实力！

我叫____。

我的个人成就____。

我们公司从事____。

公司的成就和荣誉____。

（调用模块 7 ：产品介绍）

____产品的由来！

我们是如何一步步研发出这款产品的？

阶段 1、2、3：____。

（调用模块 13：塑造价值）

____非同寻常！

花费时间____。

花费人力____。

花费金钱____。

（调用模块 12：信任感）

我们的测试过程和效果数据____。

我们的产品是安全的。

确保安全 1、2、3：____。

（调用模块 17：客户见证）

我们的产品已经帮助了成千上万的客户。

客户见证 1、2、3：____。

（调用模块 23：紧迫感）

额外赠品！

如果你是今天前____名购买，将得到____。

赠品 1、2、3：____；价值：____。

我们只准备了____份赠品，错过了就不会再有。

（调用模块 26：列举说服）

你准备好开始全新的生活了吗？

你可以 1、2、3：____。

摆脱问题 1、2、3：____。

4.6　咨询顾问文案框架

（调用模块 5：挖掘痛点）

快速提升企业销售额的方法！

你的生意处于下滑趋势？即使你尝试过____方法。

你每天都要面对以下一些问题：

问题 1、2、3：____。

那么你可以尝试我们的新方法，你的公司将会变得____。

好处 1、2、3：____。

（调用模块 29：个性介绍）

我们的成就！

我们是____从事____。

再过去的____年里，帮助企业实现____。

好处 1、2、3：____。

我们的经历____，我们的荣誉____，我们的行业资质____。

（调用模块 17：客户见证）

我们的客户们！

客户见证 1、2、3：____。

在我们的帮助下，这些客户实现了____，摆脱了____。

尤其是这一家____公司，

一开始____，经过____，最后变成____。

（调用模块 22：稀缺性）

额外的礼物！

满足＿＿＿条件，得到＿＿＿。

赠品1、2、3：＿＿＿。

（调用模块26：列举说服）

我们将帮助你摆脱以下困扰：

问题1、2、3：＿＿＿。

你的公司将会变得：

好处1、2、3：＿＿＿。

4.7　会员产品文案框架

（调用模块7：产品介绍）

我们为会员提供以下专属服务：

服务1、2、3：＿＿＿。

（调用模块13：塑造价值）

优质的人脉圈子。

我们的会员有如下特征：

特征1、2、3：＿＿＿。

（调用模块18：行业内幕）

我们的会员不是那种类型，

负面特征1、2、3：＿＿＿。

（调用模块9：独特卖点）

会员专享福利！

福利1、2、3：＿＿＿，价值：＿＿＿。

（调用模块17：客户见证）

客户见证！

这是我们部分客户，他们实现了＿＿＿结果。

客户见证1、2、3：＿＿＿。

（调用模块22：稀缺性）

今天加入，成为会员的前＿＿＿名，

赠品1、2、3：＿＿＿，价值：＿＿＿。

（调用模块26：列举说服）

明智的选择！

成为会员，你将得到1、2、3：＿＿＿。

摆脱之前的问题1、2、3、4、5：＿＿＿，

现在，点击＿＿＿加入我们。

4.8　招商代理文案框架

（调用模块29：个性介绍）

我们是＿＿＿。

取得＿＿＿成绩，＿＿＿荣誉。

我们的规模＿＿＿。

（调用模块9：独特卖点）

加入我们！

你将得到____。

帮你摆脱____。

独特卖点 1、2、3：____。

（调用模块 12：信任感）

助您打开财富之门！

操作步骤 1、2、3、4、5：____。

（调用模块 17：客户见证）

我们的客户！

客户见证 1、2、3：____。

（调用模块 23：紧迫感）

今天报名，将得到以下赠品：____。

赠品 1、2、3：____，价值____。

（调用模块 21：成交主张）

没有效果怎么办？

合作 30 天内，如果你不满意，我们全额退款。你可以拿回当初投资的费用____。

4.9　信息产品文案框架

（调用模块 4：干货启发）

我确切地知道这些问题 1、2、3：____，给大家带来的痛苦。

于是我把这些问题整理好，____，

提供给无数像我这样的朋友，尽可能地帮助他们。

（调用模块 17：客户见证）

听听他们的故事！

客户见证 1、2、3：____。

（调用模块 11：效果证明）

如果使用这个方案，你将可以看到以下效果：

1 天内____；

7 天内____；

30 天内____。

最终，你将摆脱____。

问题 1、2、3：____。

（调用模块 23：紧迫感）

每天只需____，将让你远离____。

如果你在 48 小时内订购，将得到赠品 1、2、3：____，价值说明____。

订购方式____。

（调用模块 21：成交主张）

零风险保证！

如果达不到我们承诺的效果____，全额退款。

此外你还可以免费保留赠品 1、2、3：____，作为我们对你的补偿。

4.10 电商平台文案框架

（调用模块 1：撰写标题）

需要精心设计标题和促销语句。在购物类的平台，标题用于搜索，促销语用于吸引消费者。

（调用模块 5：挖掘痛点）

直接指明适用人群，挖掘痛点，刺激需求，提升消费者的购买行动力。这部分写得越好，文案成交率越高。

（调用模块 6：画面联想）

描绘消费者日常生活中使用产品的场景，让人有购买的冲动。没有联想就没有行动。

（调用模块 7：产品介绍）

通过照片、视频、文字等形式，详细说明产品的各个特点。这是最基本的产品信息，需要清晰明了地展示在文案中，让访客一目了然。

（调用模块 9：独特卖点）

讲明独特之处，避免消费者看到的都是同质化的产品而无从下手。如果写作者不能在文案中突出产品的独特卖点，将会失去很多潜在客户。

（调用模块 10：对比营销）

对比同行，找出优点，如价格，性能等，争取让消费者优先选择商家的产品。

（调用模块 17：客户见证）

截取部分经典的客户评价，好的客户见证素材将大大提高文案的成交率，如果商品的知名度不是很高，写作者可以在文案中增加多个客户见证素材，以量取胜。

（调用模块 8：权威效应）

使用可以证明产品的安全性，权威性的信息，或者第三方的推荐。消费者往往不会相信商家的一面之言，更倾向于相信权威机构和专家。

（调用模块 26：列举说服）

罗列出产品的好处以及消费者正在面临的问题，形成鲜明对比，这样可以大大提升消费者的行动力。

（调用模块 11：效果证明）

消费者购买的是产品带来的好处与效果，而不仅仅是产品本身。写作者应该在文案中多列举产品的特点及优点，并且做"效果证明"。

（调用模块 21：成交主张）

文案中应说清楚退换货规则，尤其是高价格或者易坏的产品售后要求。

（调用模块 22、23：稀缺性和紧迫感）

数量上的稀缺，时间上的紧迫感，可以促使消费者尽快行动。

（调用模块 25：临门一脚）

提出正当理由，说明好处和痛点，鼓励尽快行动，并详细介绍购买方法。

（调用模块 27：从众效应）

在购物类的网站上，通过展示数据来体现产品畅销。

（调用模块 29：个性介绍）

介绍公司或者品牌、创始人等信息，增强信任感，可以用语音、视频、图片、文字等形式。

（调用模块 30：常见问题）

回答消费者可能存在困惑的问题，解决成交障碍。比如发货问题、包装问题、隐私问题、使用说明等，尽可能多地收集消费者面临的问题，然后在文案的最后部分做出解答。

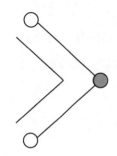

第5章
非常文案之总装优化

设计好文案框架，调用所需模块，填充内容并完成初稿，然后再经过总装优化，让文案变得更加完整、专业和美观，让文案拥有更强的吸引力、得到更高的回应率。

"框架设计＋模块调用＋总装优化"是本书推介的文案写作方法的核心。在之前的章节已经讲解"文案模块"和"文案框架"，本章主要讲解"总装优化"，要求文案写作者根据不同的产品、服务和读者人群的特点，分析30个基础文案模块，在现有文案框架的基础上选择增加或者减少相应的文案模块，重新设计文案框架。

在新的文案框架设计完成之后，调用对应文案模块的方法、技巧，总装组合成文案初稿。最后，运用文案优化技巧，让文案初稿更加完整、专业、美观。

5.1　通用文案框架

文案写作者可以在现有的文案框架基础上设计出新的文案框架，或者从零开始设计文案框架。但对于文案新手，通常无法找到可借鉴的现成文案框架，也很难从零开始设计文案框架。面对这种情况，可以考虑采用"通用文案框架"，再在通用文案框架的基础上做调整。

笔者综合考虑读者的阅读顺序和心理变化过程，从30个基础文案模块中挑选出18个文案模块，组合成"通用文案框架"，以下做具体阐述。

通用文案框架

1. 标题模块	10. 塑造价值模块
2. 开头模块	11. 信任感模块
3. 故事模块 (开头故事和你为什么要做这件事)	12. 成交主张模块 (承诺零风险)
4. 新鲜事、客户案例、干货启发	13. 营造稀缺性和紧迫感模块
5. 解决什么问题、痛点、刚需	14. 富兰克林模块
6. 深层次诉求模块 (额外的好处)	15. 临门一脚模块
7. 未实现梦想的障碍和揭露行业乱象	16. 行动号召模块
8. 效果证明模块 (你的解决方案)	17. 品牌故事、客户评价
9. 独特卖点模块	18. 个性介绍模块

5.2　文案模块的取舍

不管是采用现成的文案框架还是通用文案框架，抑或是从零开始设计文案框架，都面临同一个问题：文案模块的取舍。选用或者删除某些文案模块，会改动整个文案框架的结构，将直接影响文案最终的效果。因此，文案模块的取舍显得非常重要。文案写作者可以参照以下的取舍原则（如下图所示）进行增加或者减少部分模块，组合成新的文案框架。

正向挑选法

这是最常用的选择模块的方法，可用于新建文案框架或者在现有文案框架基础上增减模块。文案写作者根据个人经验和写作习惯进行操作处理。写作者可以从第一个文案模块开始挑选，挑选出需要增加或者删减的模块，最后把所有选用的模块组合成新的文案框架。

反向排除法

此方法一般用于从零搭建文案框架，文案写作者无法使用正向挑选法的时候，可以采用反向排除法。首先，假设要写作的文案框架包含所有的 30 个基础模块，然后再根据产品、服务和读者人群的特点，逐一删除不需要的模块。

例如，"文案模块 18：行业内幕"，如果所属行业不存在内幕，或者读者根本不关心这些，那么就应该排除这个模块。经过排除后，所剩下的模块可组合成新的文案框架。

创始人提议

为产品和服务写文案时，创始人的意见显得至关重要。因为创始人知道产品、服务的亮点，也知道读者人群的关注点。文案写作者在删减文案模块的时候，可以听取创始人的意见。

换位思考法

文案写作者应该站在读者的角度反问，读者是否在意这个模块？读者是否在这个方面有疑问？读者是否想要看到这个模块？比如"模块 8：权威效应"，如果写作者在为一款儿童营养品写文案，读者群体便以年轻父母为主，他们担心产品存在安全问题，迫切希望看到权威效应方面的信息出现在文案中。因为只有这样他们才敢尝试新产品，才敢放心使用。因此，读者存在什么问题就应该采用什么模块。

售前售后法

写作者应该根据售前售后部门的反馈，汇总客户群体所遇到的问题，在文案中解释这些问题。打消顾虑是产品文案的核心。读者存在什么样的问题，就应该采用什么模块。比如，如果售前客服经常接到客户电话，抱怨价格太高并要求打折，那么文案写作者就应该在文案中调用"模块 13：塑造价值"和"模块 20：巧妙定价"，来解决相关方面的问题。

竞争突出法

写作者应该在分析自家产品的同时还应充分了解同行产品，找到自家产品的独特之处、过人之处。比如，自家产品在效果方面非常突出，写作者就应该增加"模块 11：效果证明"，来突出竞争优势。

同行综合法

写作者可找到 3 ~ 10 篇同行的优秀文案，然后挑选出写得比较好的模块，加入自己的文案框架中。

经典提炼法

遇到好的文案，应该提炼文案框架，分析别人的文案框架结构，看看其他写作者在文案中都用到了哪些模块，可适当增加或者删减文案模块，形成新的文案框架。

人群决定法

同一款产品针对不同的人群做宣传，模块的取舍也不同，写作者应该站在读者角度思考，最后决定模块的取舍。比如，写作一篇充电器的文案，如果是写给老客户，那么就不需要"模块 12：信任感"；但是，如果是写给新客户，那么这个模块最好有。在网络上做宣传，信任感很重要。

产品决定法

如果产品和服务存在某些方面的优势，那么就应该选用突出其优势的模块。比如，写一篇手机文案，该手机在屏幕和拍照方面具有很大优势，那么就应该采用"模块 10：对比营销"来突出产品性能。如果该产品的外观极其漂亮，但是制作工艺比较复杂，产能有限，那么应该选用"模块 22：稀缺性"来促使消费者尽快购买。

平台决定法

不同的平台，文案模块的取舍也不同。如果文案发布在官网，那么文案模块再多也没有关系。如果文案发布在社交平台，由于篇幅限制，必须删除部分文案模块。在有篇幅限制的平台写文案，应该优先选用最能打动读者的模块，以及最能突出产品优势的模块，删除可有可无的模块。

多次使用法

在一篇文案中，30个基础文案模块并不是只能出现一次。比如"模块24：行动号召"；在一篇文案中讲述产品的独特卖点之后，可以进行"行动号召"，在报价之后，也可以进行"行动号召"。文案模块可以在文案中多次重复使用，是否重复使用取决于该模块的重要程度。再如，××产品在解决客户痛点方面拥有巨大优势，远超同行，那么文案中可以反复使用"模块5：挖掘痛点"和"模块9：独特卖点"，以期最大化打动读者。

5.3 文案模块的顺序

文案模块的顺序不应该随意变动。30个文案模块的排序，是基于消费者的心理变化过程设计的，与消费者的步调一致。

以下两种类型的文案模块可以放在文案的任何位置：消费者特别关心的模块和特别能突出产品优势的模块。比如，在写保健品文案时，"模块18：行业内幕"就特别能引起读者的注意，那么这个模块就应该放在文案最靠前的位置。再如，有业内非常权威的人物做产品背书，那么"模块8：权威效应"就应该放在文案靠前的位置。在一篇文案中，越靠前的位置阅读率越高。

5.4　长文案与短文案

关于文案总装优化，还有一些很关键的问题：是不是每一篇文案都要把30个模块全部用上？能不能只用一部分？到底用多少个最好？

首先，营销型文案是击破营销障碍的魔棒。消费者对商家或者产品了解得越少，营销障碍就会越多。

假如"30个基础文案模块"全部用上，一般情况下，用A4纸打印的话，文案会长达15～25页之多。但不要被这个数字吓到，或者认为消费者会被这么长的文案吓到。事实上，只要文案都写到点上，文案写得越多，产品卖得越多。

反之，如果商家和产品的知名度很高，那么消费者的营销障碍就少，所采用的文案模块也相应少，文案就较短。

比如，商家将写作一篇文案给多年合作的老客户，告诉他们新产品上线了，可以采购。这个时候就可以对比"30个基础文案模块"，看看目标客户可能会遇到哪些方面的营销障碍。

例如，"模块12：信任感"和"模块21：成交主张"，由于目标人群是老客户，所以基本可以不考虑这两个模块部分。因为多年合作的老客户和商家之间已经有了很强的信任感，也不必太担心风险问题。如果文案篇幅有限，这两点完全可以不写作，文案又缩短了不少。

另外，文案的长短还与以下一些因素有关。

产品本身

文案重点不在于写作多少字，而是需要提供适合的信息力求达成销售目标。写作者应该先考虑商家的产品，有哪些地方值得一提，提供这些信息是否有助于说服消费者购买。

文案读者

文案的长短取决于文案读者。有些消费者不需要大量信息，也不习惯阅读长篇文字。另外，有些消费者想了解产品的具体细节，无论商家提供多少文字他们都能悉数消化。

忙碌的经理人或专业人士通常时间紧迫，他们对短篇文案的反馈较好。

文案目的

假如写作者希望文案能够筛选出潜在顾客，那么就没必要提供完整的细节，因为当潜在顾客有所回应，商家便还有机会提供进一步的信息。此外，如果想通过文案来邀请读者立即订购，那么就必须提供有助于读者做出购买决定的所有信息，文案就比较长。

价格因素

产品越昂贵所需的文案就越长，写作者得先提供翔实的文案并为产品塑造价值，才能要求消费者下单。这样一来，最后提到价格的时候，消费者才会觉得物有所值。

重要性

消费者有需求的产品（如电冰箱或传真机）可以用简短的文案，因为对于销售对象来说这是必买品。有些产品虽然消费者想买但不是必需品（健身录像带、自我成长有声书、股市快讯），这些产品则需要通过长篇文案进行推销。

熟悉度

当消费者对产品已经有一定程度的了解时，短文案会是比较好的选择。这就是为什么畅销的知名杂志或者知名品牌的产品一般都采用短文案。

5.5　持续捕捉注意力

如果用豪华私人飞机的总装理念来写作文案的话，到目前为止，这架飞机基本完成总装部分。但还有一些重要的工作需要去做，比如，接口的处理、室内装饰等，这些后续的工作可以让飞机更加完美。

前面章节已经分析过如何设计出所需的文案框架，以及如何把文案模块总装在一起，最终形成一篇成交力很强的半成品营销文案。无论是从可读性还是美观度抑或成交订单的能力等方面，这样的文案基本上已经很理想了。然而，营销型文案有时候会运用 30 个模块中的多个模块，页数可能达到 15 ~ 25 页。那么，这时候对于文案写作者而言最头疼的问题是如何能够持续不断地捕获读者的注意力，想方设法让读者有兴趣看完文案，不至于看到一半就停止阅读。

这里介绍一个方法可以帮助文案写作者优化文案，让文案可以持续捕获读者的注意力。以下以一款瘦身产品为例，操作思路如下。

第一步：总装文案的初稿

把已经准备好的素材做一个汇总，调用所需的文案模块并按顺序总装到文案框架中，完成文案的初稿。如下图操作所示：

您的小肚子是不是特别明显？小腿是不是越来越粗？平时不敢穿最喜爱的裙子出门。您是不是每天吃得很少，但是体重依然没降下来？您是不是试过了很多瘦身方法依然无效？是不是对瘦身产品已经失去了信心？

如果您还在被以上问题所困扰，那么从今天起，您可以了解我们的瘦身解决方案，在 30 天后，您将可以穿上自己喜爱的裙子、品尝喜爱的美食，不再被体重问题所困扰。

"我只用了两个药包，难以置信，才 25 天的时间，我的体重就减少了 10 斤。在每天正常饮食的情况下，我就瘦下来了，真不敢相信是这款产品的功劳，曾经我对瘦身产品几乎绝望了，一开始就是抱着试一试的态度用此产品，结果让我很满意。就连公司同事和刚从老家过来的老爸都说我判若两人。现在我才明白，有些产品需要亲自体验才知道。"

——陈慧慧，31 岁，深圳 × × 公司文员

请连续使用本产品 30 天，如果 30 天后，您的小腿没有瘦下来，您的小肚子没减小，你的体重没有明显减轻至少 5 斤以上，那么请联系我们。

如果您连续使用本产品，并严格执行我们的指导方案，使用 30 天后，您的体重没有减轻至少 5 斤，那么请联系我们，我们不会过问您任何问题，将货款全部退还给您，我们对您的结果负责。

第二步：将文案拆分成多个组

● 把无关紧要的词语删除。

● 将已经总装好的文案初稿拆分成组，一般两三段为一组，不要超过五段，每一组应表达一个观点。也可以根据文案模块分组，如"独特卖点"作为一组，但是如果内容过多且大于五段，就需要把"独特卖点"模块拆分成两组。

● 分组的意义在于把长篇文案切割成多个组，方便读者快速浏览需要的信息，甚至可以跳跃式阅读，减少读者阅读时的疲劳感。

如下图操作所示：

（组标题待定）

您的小肚子是不是特别明显？小腿是不是越来越粗？平时不敢穿最喜爱的裙子出门。您是不是每天吃得很少，但是体重依然没降下来？您是不是试过了很多瘦身方法依然无效？是不是对瘦身产品已经失去了信心？

如果您还在被以上问题所困扰，那么从今天起，您可以了解我们的瘦身解决方案，在30天后，您将可以穿上自己喜爱的裙子，品尝喜爱的美食，不再被体重问题所困扰。

（组标题待定）

"我只用了两个药包，难以置信，才25天的时间，我的体重就减少了10斤。在每天正常饮食的情况下，我就瘦下来了，真不敢相信是这款产品的功劳，曾经我对瘦身产品几乎绝望了，一开始就是抱着试一试的态度用此产品，结果让我很满意。就连公司同事和刚从老家过来的老爸都说我判若两人。现在我才明白，有些产品需要亲自体验才知道"。

——陈慧慧，31岁，深圳××公司文员

（组标题待定）

请连续使用本产品30天，如果30天后，您的小腿没有瘦下来，您的小肚子没有减小，你的体重没有明显减轻至少5斤以上，那么请联系我们。

如果您连续使用本产品，并严格执行我们的指导方案，使用30天后，您的体重没有减轻至少5斤，那么请联系我们，我们不会过问您任何问题，将货款全部退还给您，我们对您的结果负责。

第三步：为每一组编写组标题

以下是四种常用的编写组标题的方法。

● 采用对话的语气，如温馨提醒、你被骗了……

● 提炼核心观点，如关于价格、额外赠品、我的故事……

● 醒目词汇做组合，如快速突破、炙手可热……

● 常规标题法，如 10 个文案写作技巧、职业经理人必看、如何迅速记住
2000 个单词……

如下图操作所示：

（请尽情享受美食）

您的小肚子是不是特别明显？小腿是不是越来越粗？平时不敢穿最喜爱的裙子出门。您是不是
每天吃得很少，但是体重依然没降下来？您是不是试过了很多瘦身方法依然无效？是不是对瘦身产
品已经失去了信心？

如果您还在被以上问题所困扰，那么从今天起，您可以了解我们的瘦身解决方案，在 30 天后，
您将可以穿上自己喜爱的裙子，品尝喜爱的美食，不再被体重问题所困扰。

（好产品在说话）

"我只用了两个药包，难以置信，才 25 天的时间，我的体重就减少了 10 斤。在每天正常饮食
的情况下，我就瘦下来了，真不敢相信是这款产品的功劳，曾经我对瘦身产品几乎绝望了，一开始
就是抱着试一试的态度用此产品，结果让我很满意。就连公司同事和刚从老家过来的老爸都说我判
若两人。现在我才明白，有些产品需要亲自体验才知道"。

——陈慧慧，31 岁，深圳 × × 公司文员

（零风险保证）

请连续使用本产品 30 天，如果 30 天后，您的小腿没有瘦下来，您的小肚子没有减小，你的体
重没有明显减轻至少 5 斤以上，那么请联系我们。

如果您连续使用本产品，并严格执行我们的指导方案，使用 30 天后，您的体重没有减轻至少 5
斤，那么请联系我们，我们不会过问您任何问题，将货款全部退还给您，我们对您的结果负责。

第四步：设置文案字体的大小、颜色等特效

● 一篇文案通常设置两种颜色就好，正文是黑色，组标题统一设置成红色
或者其他颜色，组标题字号要比正文字号明显大些。

● 如果需要着重突出的部分文字多于一行，那么建议采用加粗的方式。

● 如果需要着重突出的部分文字少于 10 个字，建议用加底色特效，如可

加浅灰色或者黄色。

如下图操作所示：

（请尽情享受美食）

您的小肚子是不是特别明显？小腿是不是越来越粗？平时不敢穿最喜爱的裙子出门。您是不是每天吃得很少，但是体重依然没降下来？您是不是试过了很多瘦身方法依然无效？是不是对瘦身产品已经失去了信心？

如果您还在被以上问题所困扰，那么从今天起，您可以了解我们的瘦身解决方案，在30天后，您将可以穿上自己喜爱的裙子，品尝喜爱的美食，不再被体重问题所困扰。

（好产品在说话）

"我只用了两个药包，难以置信，才25天的时间，我的体重就减少了10斤。在每天正常饮食的情况下，我就瘦下来了，真不敢相信是这款产品的功劳，曾经我对瘦身产品几乎绝望了，一开始就是抱着试一试的态度用此产品，结果让我很满意。就连公司同事和刚从老家过来的老爸都说我判若两人。现在我才明白，有些产品需要亲自体验才知道"。

——陈慧慧，31岁，深圳××公司文员

（零风险保证）

请连续使用本产品30天，如果30天后，您的小腿没有瘦下来，您的小肚子没有减小，你的体重没有明显减轻至少5斤以上，那么请联系我们。

如果您连续使用本产品，并严格执行我们的指导方案，使用30天后，您的体重没有减轻至少5斤，那么请联系我们，我们不会过问您任何问题，将货款全部退还给您，我们对您的结果负责。

第五步：使用文案编辑特效工具

可以在搜索引擎上搜索"编辑器"，免费使用其他平台提供的文案编辑特效工具，制作标题特效、其他文本和图片内容的特效，这样可以让文案变得更加美观、漂亮和专业，可读性会大大增强。

如下图操作所示：

请尽情享受美食

您的小肚子是不是特别明显？小腿是不是越来越粗？平时不敢穿最喜爱的裙子出门。您是不是每天吃得很少，但是体重依然没降下来？您是不是试过了很多瘦身方法依然无效？是不是对瘦身产品已经失去了信心？

如果您还在被以上问题所困扰，那么从今天起，您可以了解我们的瘦身解决方案，在30天后，您将可以穿上自己喜爱的裙子，品尝喜爱的美食，不再被体重问题所困扰。

好产品会说话

"我只用了两个药包，难以置信，才25天的时间，我的体重就减少了10斤。在每天正常饮食的情况下，我就瘦下来了，真不敢相信是这款产品的功劳，曾经我对瘦身产品几乎绝望了，一开始就是抱着试一试的态度用此产品，结果让我很满意。就连公司同事和刚从老家过来的老爸都说我判若两人。现在我才明白，有些产品需要亲自体验才知道"。

——陈慧慧，31岁，深圳××公司文员

零风险保证

请连续使用本产品30天，如果30天后，您的小腿没有瘦下来，您的小肚子没有减小，你的体重没有明显减轻至少5斤以上，那么请联系我们。

如果您连续使用本产品，并严格执行我们的指导方案，使用30天后，您的体重没有减轻至少5斤，那么请联系我们，我们不会过问您任何问题，将货款全部退还给您，我们对您的结果负责。

THE END

5.6　文案工具与软件

工欲善其事，必先利其器。好的文案工具可以让写作事半功倍。一篇优秀的文案，除了能捕获读者注意力和信任感之外，还应该彰显专业和美观。下面这些典型的文案工具，可以帮助写作者更加高效、专业地写作文案。

搜索引擎

搜索引擎无须安装，打开百度、搜狗、搜狐页面就能用。几乎 90% 的文案素材，都可以通过搜索引擎找到。

数据资料网站

国家统计局：http：//www.stats.gov.cn/

艾瑞咨询：http：//www.iresearch.com.cn/

排版工具

请访问百度、搜狗、360 等搜索引擎，搜索"编辑器"等关键字，即可找到很多文案排版编辑平台。由于平台具有时效性，以下提供的平台有可能会失效，请读者自行搜索。

（1）秀米

（2）135 编辑器

（3）易点编辑器

文案交流平台

文案新手想要快速提高自身实力，在实践中学习和提高固然重要，但在日常工作之余抽时间专门学习一些文案方面的专业知识也是非常必要的。下面就推荐几个不错的文案学习网站。

（1）知乎

（2）百度知道

（3）顶尖文案

（4）梅花网

（5）豆瓣网

图片素材网站

写文案自然少不了图片，网络给文案写作者们提供了大量优质的图片案材，写作者可到以下网站搜索所需的图片。

（1）花瓣网

（2）昵图网

（3）千图

（4）百度图片

（5）素材公社

制图与修图工具

当找不到合适图片的时候，写作者免不了需要重新做图或者修图。以下工具使用起来比较简单。

（1）创客贴

（2）美图秀秀

（3）Photoshop

H5 页面制作工具

对于文案写作者而言，写好文案是第一步，把文案传播出去是第二步。想要把文案发表出去，通常需要制作 H5 页面，以下是两款比较好用的工具。

（1）易企秀

（2）兔展

思维导图工具

当文案信息比较多的时候，易造成版面混乱，条理不清。写作者可以借助思维导图工具，清晰有条理地展示繁杂的信息。

（1）MindManager

（2）XMind

（3）百度脑图

用户调研工具

写作者在写文案前，往往需要一些用户数据来辅助文案写作。以下是三款调研工具，它们使用简单，功能丰富。

（1）麦客 CRM

（2）金数据

（3）问卷网

截图工具

最常用反截图工具是 QQ 聊天窗口和 Windows 自带的"画图"小应用。它们简单而实用，是文案写作者的好帮手。

语音转成文字工具

优先推荐智能手机应用中的语音工具。写作者可以在搜索引擎上检索其他语音工具，也可以直接使用智能手机上的输入法。写作者可以借助这些工具把瞬间灵感录制成音频，然后转成文字，它们可以帮写作者节省大量时间。

轻便的扫描仪

在手机上安装 CS 扫描全能王的 APP，把需要扫描的文件拍个照，导入到 CS 处理一下便完成了。当看到一些书籍、打印纸上的某些文段非常适用于文案写作，但又没有电子版的时候，不必苦恼，CS 能自动识别文字并帮文案写作者提取文字段落，这个功能是文案人的救星，省去很多打字的时间。

PDF 工具

Word 和 WPS 可以生成 PDF 文件，利用 PDF 编辑器，可以对 PDF 文件进行删除、插页、修改等操作。

绘制流程图工具

（1）Draw.io

（2）Cacoo

（3）DrawExpress Diagram

（4）WPS

（5）WORD

自媒体平台

文案写好后自然离不开发表，把文案发布到以下自媒体平台就是一个不错的选择，这样能在短时间内让更多人看到文案，提高文案曝光度。

（1）微信公众平台

（2）腾讯媒体平台

（3）一点资讯

（4）搜狐新闻平台

（5）百度百家号平台

（6）360 媒体平台

（7）网易媒体平台

（8）凤凰新闻媒体平台

（9）今日头条媒体平台

（10）简书

上面分享的工具基本满足了文案写作的大部分需求。写作者在写作时适当运用这些工具，可以让文案变得更精彩。由于文案写作的需求不断变化，市面上也会诞生越来越多的文案工具，写作者应该时刻留意新工具，经常在搜索引擎检索"文案写作软件""文案写作工具"等关键词，使用新工具可以让写作者在竞争中更有优势。

5.7 总装优化流程

一篇非常文案的总装优化大致分为以下步骤：准备写作素材、分析营销障碍、挑选文案模块、文案框架设计、文案模块调用、文案总装优化、运用文案策略。

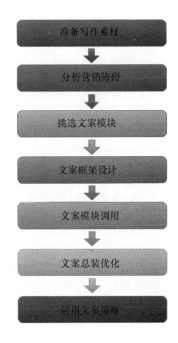

"非常文案七步法"总装优化流程详细说明如下。

第一步：准备写作素材

准备目标人群画像和产品功能清单，为文案写作做准备。

第二步：分析营销障碍

对比30个文案模块，分析目标受众可能存在哪些方面的营销障碍。

第三步：挑选文案模块

运用"文案模块取舍"法则和"营销障碍"原则，挑选文案写作所需的文案模块。

第四步：文案框架设计

首先将挑选好的文案模块按照自然顺序或者根据重要程度来调整好顺序，然后认真思考是否应该增加或者减少某些文案模块，最终设计出文案框架。

第五步：文案模块调用

在文案框架基础上调用不同文案模块的写作方法，每个模块只需运用 1 ~ 3 个写作方法即可。调用好所有文案模块，填充具体内容，最终完成文案初稿。

第六步：文案总装优化

文案总装优化包含对文案初稿进行排版优化、捕获注意力、设置组标题、字体特效处理、加图片、加视频等优化操作。

第七步：运用文案策略

按照第 8 章所讲，为文案添加所需的文案策略。文案技巧和文案策略相结合，会让文案更具营销力。

第 3 部分

非常思维　非常文案

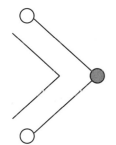

第6章
非常文案诊断流程

写作好的文案没有达到预定的回应率怎么办？通过这套文案诊断的方法，让你懂得如何去分析问题，改进文案。

不是写好了一篇文案就意味着万事大吉，这只是一个开始。为什么有些文案对于销售一点效果都没有？以下这些诊断经验，可以给写作者提供一些思路，帮助写作者去找到问题、解决问题。

写好的文案并没有带来很多订单，怎么办？作者基于多年写作文案的经验，总结出了一套文案诊断方法，帮助写作者去思考、去改进文案。

6.1　人群匹配度

写作者应该扪心自问，看到文案的读者是不是真正需要商家的产品，是不是真的对产品感兴趣，是不是真的有能力购买产品。

这一点非常重要，在大多数情况下，如果没有订单，原因基本可以归结于产品和购买人群不匹配。比如，小镇上举行奔驰汽车车展，来看热闹的肯定很多，但是很少有人买得起，所以没有订单，因为人群不匹配。再比如，我以前去餐馆吃饭，老板向我推荐他们的招牌菜"香辣虾"，但是我从来没点过。不是老板口才不好，也不是他们的"香辣虾"做得不好，更不是价格的原因，只是因为我对虾过敏，基本不吃。

这就是产品和客户不匹配。因此，当文案不能产生订单的时候，不要怪罪于文案，而是应该首先思考看广告文案的读者人群真的是潜在客户吗？产品的潜在客户应该是什么样子的？他们一般会在哪里出现？广告的投放渠道正确吗？

遇到这样的情况后，写作者可以重新定位另一组人群，然后再去投放广告测试效果。例如有一家公司，在为减肥产品投放广告之初，以为一些谈恋爱的青年和刚毕业的大学生以及白领会对这个减肥产品特别感兴趣，其实不然，这些人带来的订单特别少。该公司以为是文案的原因，打算反复修改。但几经周折却发现真正需要该减肥产品的潜在人群是刚生完小孩的妈妈，她们对减肥产品的需求度很高，而且复购率也很高。商家重新找到潜在人群之后才扭亏为盈。

6.2　产品问题

不管文案写得多好，消费者最终购买的都是产品以及获取产品给他们带来的好处，如果产品的质量和功能不能真正解决消费者的问题，他们是不会买单的，即使购买了之后还是会要求退款。

比如，消费者需要一部散热效果良好的笔记本电脑，但是商家的电脑散热功能很差，所以最后消费者不买单也是正常的。这与文案无关。

再比如，销售一款USB电风扇。在集体宿舍中风扇最好是静音的，否则将会影响其他人休息。如果达不到接近静音的效果，很难卖给顾客，即使卖出去了，也很容易退货。

写作者要多问问自己，产品是否能够真正解决消费者的问题，产品是不是足够好，而不是一味地把不能产生成交订单的原因归咎于文案质量，这一点很重要。如果真的是产品的质量或功能原因，那么只有更换或升级产品了，而不是指望不停地修改文案。

6.3　需求程度

要明确认知文案中所销售的产品对于消费者是怎样的一个需求程度？是刚需还是普通需求？

比如，夏天常用的冰柜、电风扇和冬天用的取暖器、防寒保暖衣服，或者防止老人、小孩走丢的产品等，这些都属于刚需产品，即使文案写作水平普通，只要是卖给目标人群，而且产品能解决问题，就能有高成交率。

反之，产品是可有可无的，会很难卖出去，即使文案写得再好，成交率也不一定高。比如保健品、书夹……这些属于不痛不痒、可有可无，或者说可以现在买也可以晚点买的产品，销售起来便比较困难，肯定不如减肥、美白、祛斑这些产品的需求那么强烈，易卖。

如果真的是产品原因，文案便帮不上忙了，要么换产品，要么就提供一个很低的价格，做个测试看看效果。

6.4　同质化

这是一个很重要的问题。在文案中提到的产品，是不是同质化的产品？消费者是不是可以随便找到其他同行卖家？如果是的话，文案写得再好也帮不上忙。倒不是因为消费者不被文案打动，而是他们确实被文案打动了，也确实很需要这么一款产品，但他们可以在网络上或者其他店铺那里找到几乎一模一样的、但价格却便宜不少的产品，所以客户最终很有可能到别的商家那里去购买。

此类问题解决办法，请参考第 3 章 "独特卖点模块"。可以说，即使商家的产品、价格和同行的一模一样，按照 "打造独特卖点" 的方法，也可以让商家的产品成为客户的优先选择，乃至唯一选择。

6.5　价格因素

价格过高影响成交，这一点写作者是有共识的。但是，大家有没有想过，价格过低也会影响销售。比如，礼品类的产品，保健类的产品，珠宝类的产品等，这些产品如果价格定得过低的话，反而没有人买，不是吗？

排除前面几小节问题后，不妨每一次把价格调高或者调低 50%，然后做测试，从而制定出合理的价格。

6.6　品牌知名度

道理很简单，比如写作销售奶粉的文案。如果没有品牌背书，几乎卖不出去，即使文案写得再好也不行，因为消费者会有所担心与质疑。

写作者要尝试涉及不同品牌的产品，可以将功能、质量和价格等方面相似的几个商家进行对比测试；或者在文案中多运用"权威效用模块"和"客户见证模块"。

6.7　竞争对手

文案写作者不能只在内部方面找原因，还应该结合外在因素，如市场竞争环境等。很多营销活动都属于对比营销范畴，消费者很少会看到一款产品就立刻购买，通常都会对比几家。请问你的产品在同行竞争对手中排名如何？是不是质量、价格和功能均明显弱于对手才导致无法成交呢？

如果产品在这些方面完全处于劣势的话，即使把文案写得天花乱坠也无济于事。面对这种情况，写作者可以运用"独特卖点模块"和"成交主张模块"来赢得客户。

6.8　客服水平

毋庸置疑，客服话术也是非常重要的。请重新检查销售话术，重新整理消费者经常咨询的问题，然后带着这些问题以客户的身份咨询竞争对手，尝试多咨询几家，看看别人的话术和自家的话术有哪些差距；也可以考虑直接运用竞争对手方的较好话术。

6.9　购买方式

对于价格很高的产品，消费者更乐意采用货到付款的方式，验货后再付款；或者是购买一些易碎的产品，货到付款的方式也会比较受欢迎。综上，消费者购买产品的方式和付款的方式是不是足够方便，是不是消费者的理想购买方式，这一点将直接影响消费者做出购买决定。

比如，有些爱看书的人，他们喜欢买书，喜欢货到付款的方式，以前淘宝天猫平台没有此方式，但是亚马逊有，此类顾客就常在亚马逊平台购买。

再比如，比较偏远的地区，那里的人不太习惯用网络支付；因此，产品如果不能提供现金支付或者邮局支付的话，可能他们就不会购买了。

写作者应该在文案中尽量多提供多种购买方式来做测试。

6.10　产品包装

不可否认，产品包装太重要了，因为文案中会展示产品和包装的细节部分。尤其是化妆品、礼品类，或者一些高端的产品，包装太差的话，很难让消费者产生购买欲望。

请重新检查包装，询问朋友或者客户的意见，选择合适的包装；或者在文案中提供多个选项，每个选项对应一种包装，用来测试包装对成交率的影响。

其他因素

当然，还有其他次要因素导致没有成交订单。这里讨论的是主要因素，主要因素直接影响有没有订单，其他次要因素可能仅仅能决定订单多一点或者少一点，次要因素不会起到决定性的作用。

文案写作者可以准备多篇文案，把潜在读者分组，然后分别投放文案进行测试，最终采用效果好的文案。

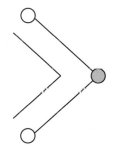

第7章
非常文案应用场景

如何根据不同平台媒介和不同应用场景的特点设计出精彩的文案?

本章讲解"框架设计+模块调用+总装优化"写作理论的经典应用。

文案写作者要灵活运用 30 个文案模块，这样才可以写出各种各样的文案，可以是不同行业的文案，不同功能的文案，也可以是不同平台的文案。通过深入了解文案模块和文案框架思维，学会融会贯通，举一反三，方能写出优质文案。

本章将列举几种常见的文案类型，进行讲解。

7.1　产品文案

产品文案包含宣传文案、产品资讯、销售文案等，写作者可以从 30 个文案模块中获得灵感。

适合写产品文案的模块如下：

（模块 3）写好故事：可以写创始人故事、产品故事、品牌故事。

（模块 5）挖掘痛点：分析消费者痛点，讲解公司产品如何解决痛点问题。

（模块 6）画面联想：介绍消费者使用公司产品的某些具体场景及应用场合。

（模块 7）产品介绍：介绍产品的属性和功能以及相关事项。

（模块 8）权威效应：讲解产品在权威方面的信息，增强说服力。

（模块 9）独特卖点：讲解产品的独特卖点，让自己所推广的产品成为客户的优先选择。

（模块 10）对比营销：与同行对比，突出公司产品的优势、性价比和价值感。

（模块 11）效果证明：汇总能证明产品效果的资料。

（模块 13）塑造价值：塑造产品价值，让产品能卖出高价。

（模块 17）客户见证：汇总老客户案例、客户评语等。

（模块 18）行业内幕：适当地介绍行业内幕，增强信任感。

（模块 19）亮出缺点：适当讲解产品的缺点和不足，增强信任感。

（模块 27）从众效应：介绍公司规模、销量数据、好评情况及合作伙伴等。

（模块 30）常见问题：汇总售前售后遇到的问题，整理成文章。

（注：每个模块的更多功能特点和写作技巧，请参看本书第 3 章。）

以上 14 个文案模块，每一个模块均可以整理成一篇文案，也可以是多篇文案。运用这 14 个文案模块写文案时，建议制作成专题。比如"客户见证专题""常见问题专题"等。文案可以发布到公众平台、新闻网站、官网博客，也可以制作成 PDF 文件，或者印刷成纸质手册。

7.2 社交平台文案

社交平台文案不局限于微信、微博、QQ 等，其他社交平台同样适用，操作方法相通。以下以微信为例进行讲解。

清晰定位（基于"定位理论"）

用微信平台做营销，此微信号就应该有一个定位，必须很明确地告诉每一个好友这个微信是做什么的。定位越清晰越好，越简单越好。大部分使用微信的商家，今天发 A 产品，明天发 B 产品，总感觉产品种类发布越多赚得会越多。此方法没有错，但用错了时代。2010 年的 ×× 电商平台，那段时间真的很神奇，每上架一件商品，第二天就有人下单，每个商品都会有销量，商品上架越多越盈利。但在今天，已经不存在这种情况了。

同样的策略为什么现在不行了呢？因为买卖是由供需关系决定的，2010 年，×× 电商平台还没真正火爆，商品很少，商家也不多，供求关系相对紧张。当时只要商家敢在互联网上打广告卖商品，拿到订单相对比较容易。

今天，到处是同行，产品的同质化很严重，并且到处是广告，消费者面对同一款产品，会有非常多的选择。要想在茫茫商海中脱颖而出，商家必须拥有一个差异化的定位，产品需要定位，微信作为商家的营销活动战场，更需要定位。

拥有了定位，才可以聚焦和专注。不要让消费者在茫茫的信息海洋中找不到对应的商家。这也是人们常说的"宁可做一厘米宽度、一公里深度，也不做一公里宽度、一厘米的深度"。

独特卖点（基于"模块9：独特卖点"）

假设商家的微信平台已经体现了差异化的产品或服务，但竞争者也在销售类似的商品，当消费者有购买商品需求的时候，他们可能会想到你，也可能会想到其他人，怎么办？

独特卖点策略就是解决这类问题的最好思路。通俗地说，就是告诉消费者一个理由，让他们购买你的商品而不是选择其他人。这个理由没有唯一的标准，只要商家用心去思考和分析，任何产品都可以找到一个独特的卖点，不管是厂家还是代理，即便有很多人在卖同一款产品！

（注：关于如何打造独特卖点，请参考第3章"模块9：独特卖点"。）

形象打造（基于"模块4：干货分享"和"模块7：产品介绍"）

社交平台文案核心有五个方面：定位、卖点、分享、生活、案例。

在社交平台上销售商品的基础是信任，要想获得消费者的信任，商家必须告诉消费者关于商家的情况、商家的日常动态、商家和产品的故事、商家和客户的故事等，总之就是向消费者展示一个真实的商家。

以USB风扇为例：

（1）微信名称

微信名称可采用名字或者常用称呼＋商家的产品或者服务，如阿南|USB风扇。但是请不要过度罗列产品信息，卖货信息太多，读者会反感。如"阿南|USB风扇厂家批发低价"，像这样基本就是一个微信营销号了，读者很少愿意与之互动。

（2）背景图片

背景图片不要太花哨，简单、简洁展现商家的信息即可。不要罗列过多产品信息，可以用个人生活照片附加定位信息。

（3）个性签名

个性签名处可以呈现商家的定位信息，也可以用体现正能量的名言签名。

（4）头像

头像建议使用个人生活照。可以去照相馆拍几张靓照，经过 PS 处理，效果会很理想，会给别人留下一个好印象。

（5）朋友圈动态

朋友圈可以发布与客户的对话，或者客户反馈，一天发两三条即可。建议少发介绍产品的信息，多发一些产品领域的有价值的信息或者建议，实在找不到内容就发自己的生活照片或者一些有意思的图片或有正能量的小文章。

（6）发送图片

图片可以加上水印，加入商家的定位信息。

商家的故事（基于"模块 3：讲好故事"和"模块 29：个性介绍"）

这个也很重要，但却经常被文案写作者忽略。商家应该发布文章，告诉消费者为什么要做目前这件事，为什么要卖这款产品，缘于一段怎样的经历，以及团队的故事等。

客户案例（基于"模块 17：客户见证"）

分享客户与产品之间的故事 、客户的成功案例，以及客户对产品的评价信息。

展示权威（基于"模块 8：权威效应"）

在社交平台展示权威信息、某某名人推荐、与某某品牌合作、销量数据、第三方机构报道等实际情况，多方面体现产品实力。

（注：每个模块的更多功能特点和写作技巧，请参看本书第 3 章。）

7.3　朋友圈文案

商家的朋友圈产品文案应该怎么写才有吸引力和营销力？商家在发朋友圈文案的时候，可以采用以下文案模块。每个模块可以编辑一条文案也可以是多条，如是多条可按周期循环发送。每天朋友圈文案发送数量不建议超过五条。（注：每个模块的更多功能特点和写作技巧，请参看本书第3章。）

（模块3）**写好故事**：发布商家的日常生活故事。比如和谁会面，约见什么客户，或者去哪里游玩，有什么人生感悟等。这些都是一个正常人应该有的故事，这会让好友觉得你是一个真实可信的人，从而增强信任感。

（模块4）**干货启发**：分享有用的信息。比如商家在销售美白护扶产品的同时分享护肤知识和美颜技巧；商家在销售瘦身产品的同时分享健康饮食建议。

（模块7）**产品介绍**：朋友圈应该尽量少发产品图片和硬广告，每周发1～2天此类信息即可。如果发送频率过高，就容易被消费者屏蔽，适得其反。

（模块8）**权威效应**：展示权威信息。这包括专家评论、权威机构认证、第三方平台报道及所获得的个人荣誉等。

（模块9）**独特卖点**：任何文案都应该基于它的独特卖点。朋友圈文案可每周呈现一次产品的卖点。

（模块10）**对比营销**：制作一张或者多张图片来说明商家的产品与同行对比的结果，突出商家产品的优势。每周发朋友圈提醒一次即可。

（模块11）**效果证明**：使用权威机构发布的数据及对比数据，或者其他方式，来证明产品的效果是有保证的，增强信任感。

（模块17）**客户见证**：这是朋友圈文案最为核心的版块，商家应该在朋友圈尽可能多地展示客户案例和客户评论，建议采用图文加视频的形式，可以是聊天截图，也可以是语音形式，或者是感谢信。任何形式的客户反馈都应该展示在朋友圈，如果客户数量足够大，可每天展示五条客户案例和客户评论。如果没有这些资料，商家应该主动询问客户关于产品的反馈信息，然后截图，发送到朋友圈。商家利用好这一版块，甚至可以不发其他内容，因为此部分文案就已具备很强的营销力。

（模块27）**从众效应**：如果产品销量很大，商家应该每周公布一次关于库存、订单、客户、物流、评论、销售额、排名等信息，凡是能证明产品受欢迎、畅销的素材都应该被展示出来。

（模块29）**个性介绍**：介绍产品，介绍团队，介绍品牌，以及其他跟商家或产品相关的故事、经历都可以发，并用图文加视频的形式呈现，效果更理想。

（模块30）**常见问题**：商家应该不定期收集售前及售后的消费者问题，汇总解答，整理成一篇文案，并且不定期进行更新，发布朋友圈，提醒消费者。很多时候商家没有订单是因为消费者的问题没有得到解答，在存疑的情况下消费者是不会购买产品的。常见问题汇总整理是消除消费者顾虑的好方法。

7.4 群发短文案

目前，群发短文案使用得比较广泛，尤其是现在手机被广泛应用，文案人员要充分重视短文案的写作。写作此类文案，可参考第3章"开场白"模块。

撰写短文案

（1）以讲故事的方式来写短文案。

人们对读故事通常很感兴趣，故事型的文案总是可以吸引到大量人群。写作者可以讲述与产品、客户、公司、团队、品牌、创始人等相关的故事。

以下是介绍户外充电设备的短文案开头部分：

> 我和陈总相识是一种巧合。在2015年的一次户外活动中，原本不相识的两个年轻人聚到了一起，在活动的最后一天，我们的手机都没电了，充电宝也没电了，和亲朋好友短暂失联。当时我们不约而同地想到了太阳能充电宝，它是专门为户外活动人群设计的便携式太阳能充电设备。

> 在接下来的半年里，我们开始组建团队，开发推广产品。
>
> 在此，我将要向您介绍这款新产品。

（2）以过来人的身份来写短文案。

人们通常是为了摆脱某种困境而采取行动，并借鉴他人的行为来做出决定。在短文案中，向读者讲解某个问题的解决过程与方法，往往更容易引人注意。

以下是介绍一款瘦身产品的短文案开头部分：

> 六个月前，我和××同时应聘一家科技公司的总裁助理岗位，结果我落选了，不是因为我的学历、工作经验、交际能力，而是因为我的体重。在之后的半年里，我使用过很多瘦身产品，真正能给我带来效果的是其中两款产品。

（3）以提出问题的形式来写短文案。

人们更加关注与切身利益相关的信息，在短文案中列举多个读者可能面临的问题，能迅速捕获注意力。

以下是一则介绍演讲培训班的短文案开头部分：

> 你是否羡慕那些人，他们一上台就滔滔不绝，讲话思路非常清晰；你是否羡慕那些人，他们不需要演讲稿，每次演讲都能得到满堂喝彩。

（4）以强调效益的方式来写短文案。

相比讲解产品有多优质，人们更关心产品带来的益处，希望使自己变得更好。

以下是介绍一套沟通课程的短文案开头部分：

成为职场新宠的十堂沟通课，从职场新人到新宠的华丽转身。学习本课程之后，你将会变得更加……

（5）善用心理学来写短文案。

运用同情心、爱心、感动、励志等素材，都是写作短文案的首选。

以下是一则兼职推销产品的短文案开头部分：

今年，我为了心中的梦想，辞去了工作。揣着仅有的500元钱找了一处偏僻的地下室合租房，买了一些生活用品后剩下不到100元，这是我人生中最为艰难的阶段。现在我白天为梦想奋斗，晚上兼职做××产品的推销工作。

（6）以直击痛点的方式来写短文案。

永远不要低估人们摆脱痛苦的动力，文案写作者可以在文案中直接阐述痛点需求，唤起消费者的行动力。

以下是介绍一家网络公司的短文案开头部分：

你的网站有流量吗？没有流量的网站有何用？你的网站能成交订单吗？没有订单的网站有何用？眼看竞争对手每天通过网站接单无数，你仍然无动于衷，难道你打算让网站一直这么死气沉沉？难道你不想让网站重焕生机？我们是××团队，我们提供整套网站建设和推广的方案。

（7）以讲述不寻常现象的方式来写短文案。

人们希望看到有趣的信息，希望看到不同寻常的信息，写作者可以写与产品和客户有关的与众不同的现象，吸引读者。

以下是介绍一款老年运动鞋的短文案开头部分：

> 市场部告诉我的这个数据，我简直难以置信，没想到这款红黑搭配的运动鞋竟然多次脱销；更不可思议的是，这款鞋子的主要购买人群竟然是在外工作的年轻白领，他们购买后送给远在家乡的父母亲，下个星期就是父亲节了，在此向您推荐这款运动鞋，它是如此与众不同……

（8）以引发恐惧感的方式来写短文案。

人们对生活中的一些不安全因素带有恐惧感，希望可以尽可能避免它们。

以下是介绍一款智能门锁的短文案开头部分：

> 回顾以往的入室盗窃案件，相当一部分是窃贼撬开门锁后入室行窃，人们除了面临财产损失外，还可能面临人身安全方面的威胁。目前市面上的部分门锁存在着严重的缺陷，我们从事智能门锁行业，目前推出某某产品……

（9）以设计有悬念情节的方式来写短文案。

人们喜欢刨根究底、一探究竟，对自己感兴趣的话题希望得到答案。

以下是介绍一个投资项目的短文案开头部分：

> 上周是国庆节长假，很多人都结伴出游，然而我们团队并没有出去玩，因为我们正在策划一件大事。人们常说抱大腿是成功的捷径，现在真的有一条捷径。如果有一个几乎不需要什么投资，就可以抱上××知名公司大腿的机会，帮助你快速取得事业成功，你是否愿意花5分钟了解一下……

（10）以讲述客户成功案例的方式来写短文案。

人们通常不相信商家和文案写作者的官方表述，更倾向于相信使用者的真实反馈信息，在短文案中讲述客户成功案例，将会大大提高文案的说服力。

以下是介绍一门管理课程的短文案开头部分：

> ××公司的陈总，两年前他拥有 2 家服装店和 20 名员工，运用这套管理理念后，他投入资金不到 100 万元，已成功开店 35 家，拥有员工 1 000 名……

（11）以揭秘内幕的方式来写短文案。

人们喜欢内幕型的信息，因为内幕是鲜为人知的，在文案中提供普通人可能无法知晓的信息，以刺激读者的注意力，激发他们的好奇心。

以下是一则行业交流会议的短文案开头部分：

> 他是如何 30 天涨粉 100 万的？他是如何从小白领逆袭成媒体大咖的？今晚 20 点，××创始人将在××会议首次独家披露整套操作方案……

分组后再群发消息

商家应该将目标人群分组后再群发消息，不同的人群发送不同的文案，尽量不要向新客户发送促销信息，否则会导致他们的反感以至于被拉黑，而老客户则可以。

添加群发理由

试想，读者突然收到一条陌生人的信息，可能会感到很唐突，不会阅读。因此，商家应该给推送文案一个理由，比如，可以利用节日的契机："今天是国庆节，祝您节日快乐……"；再比如，可以利用某些事件作为契机："我们在××地方举办活动，邀请您加入……"。然后再接着写文案的主体部分。

关心别人

文案中不应该只有产品信息，还应该偶尔发送关心别人的信息，每个人都需要被关心，前提是真诚地关心。比如，"夏天到了，＿＿＿可以降温解暑……"
此外，还可以时不时地发些生活小常识。

群发的时间

商家应该根据读者的作息习惯选择合适的发送时间。如果文案是发给一般
上班族的，那么请不要晚上 22 点以后发送。

发送频率

平均 1 ~ 2 周发送一次文案，是个不错的选择。当然，还是要根据目标人
群而定，不同的人群发送频率应不同。比如，有些读者身处股票行业，希望每
天都能看到新的资讯；而服装批发商则每天都希望看到新款的服装信息。

分组群发测试

如果读者数据庞大，商家在不确定短文案推送的效果是否良好之前，请把
读者分组，挑选几个小组群发不同的短文案，然后筛选出效果好的短文案，用
于群发给剩余的读者。

完善短文案

在编写好短文案主体部分内容后，商家还可以根据需要结合"模块 22：稀
缺性""模块 23：紧迫感""模块 24：行动号召"来编写内容。让短文案的回
应率达到最优。

7.5　引流型文案

引流型文案，是通过在文案中提供一个有利的主张，引导读者留下联系方
式。通常是留下邮箱、手机号，或者添加 QQ、微信、微博等，以达到"前端引
流＋后端盈利"的效果。这种操作方式的优点是前端可以获得大量潜在用户来

抵消高额的推广成本，后端可以反复推荐产品，形成多层盈利。

引流型文案的一个难点是，读者越来越注重隐私，引流将会越来越难。这就需要写作者要及时、精准地找到一个或者多个十分有利的主张，写出有吸引力的文案，这样才能成功引流并获得源源不断的潜在用户。

引流型文案的另一个难点是，尽量不要在文案中显露销售痕迹，应该以提供价值、提供好处为主旨，不要试图在引流型文案中推销产品。此外，引流型文案一般篇幅较短，要求写作者用词简练，写出的文案有唤起读者的行动力之效。

引流型文案主要运用到以下 12 个文案模块：

（模块 3）写好故事

（模块 4）干货启发

（模块 5）挖掘痛点

（模块 9）独特卖点

（模块 11）效果证明

（模块 13）塑造价值

（模块 17）客户见证

（模块 18）行业内幕

（模块 22）稀缺性

（模块 23）紧迫感

（模块 27）从众效应

（模块 30）常见问题

（注：每个模块的更多功能特点和写作技巧，请参看本书第 3 章。）

一篇引流型文案可以只包含一个文案模块，也可以包含多个。比如，运用"干货分享＋从众效应＋紧迫感"模块来写引流型文案，写作者可以灵活组合。再比如，运用"客户见证"和"稀缺性"模块构建引流型文案。以瘦身产品引流型文案为例，可以一本瘦身资料引流，在免费资料的文末再适当链接瘦身主产品，实现盈利。

举例：

运用"客户见证模块"

"抱着试一试的心态，我买回来一本瘦身资料，按照上边的饮食标准和运动要求操作，21天瘦了6斤，没想到这个方法真管用。"——广东　陈女士

"我试过很多瘦身产品，也花了很多钱并没有收到效果，那些瘦身产品就是骗人的。在上个月，看到李博士的这套瘦身方法，因为是免费的，所以决定试试看。没想到真的瘦下来了，不到30天，我从135斤减到125斤。我将继续按照这个方法操作，争取瘦到110斤。"——四川　杨女士

运用"价值塑造模块"和"行动指令模块"

这本《瘦身不求人》，汇集了李博士30年的研究成果，现已整理成书，免费赠送有缘人，看到此页面的朋友，添加客服微信/QQ，即可免费领取，只需支付10元邮费。

运用"稀缺性模块"和"紧迫感模块"

因为资料免费赠送，不盈利，所以我们每天只能接受30份申请。由于报名的人多，导致库存紧张，请务必在看到网页的30分钟内提交申请，锁定名额。未来我们可能收费或者停止赠送礼品。

7.6　裂变型文案

　　文案写作者希望通过一篇或者多篇文案，能将营销信息指数级传播开来。裂变型文案的核心是鼓励陌生消费者转发和传播文案，随后又有新的访客看到文案，又有部分访客愿意帮忙，以此循环，以达到裂变效果。

　　在写作裂变型文案的时候，将运用到以下六个文案模块。裂变型文案的主

要部分是告知读者所能得到的好处和明确的行动指令。此文案的前部分按照常规的文案要素写作，可以是介绍产品、介绍服务，也可以是讲解观点、概念等；裂变型文案的后部分必须清晰明了地告知消费者帮忙转发传播此文案可以得到什么好处，以及具体的操作步骤。

（模块 7）产品介绍

（模块 9）独特卖点

（模块 13）塑造价值

（模块 22）稀缺性

（模块 23）紧迫感

（模块 24）行动号召

（注：每个模块的更多功能特点和写作技巧，请参看本书第 3 章。）

以下是一个简单介绍某款软件的裂变文案。采用"模块 7：产品介绍"+"模块 13：塑造价值"+"模块 23：紧迫感"+"模块 24：行动号召"。

举例：

开头采用"产品介绍模块"

你是否遇到过这些问题？

1. 团队中每个成员各自记录，不能同步，无法协同工作。

2. 员工离职带走客户，资料没有保留，导致客户流失严重。

3. 办公系统太复杂太难用了，而且非常昂贵，不能接受。

我们为你解决：

完整记录 / 永不丢失：

完整记录所有客户资料及联系方式，永不丢失，快速查询，客户状态及跟进情况一目了然。

老板控制 / 容易接手：

子账户完全控制在老板手中，员工离职后收回账户，所有历史资料完整保留，新人很容易接手。

团队协作 / 统一管理：

团队即时协作，资料统一管理，手机、电脑实时同步，出门在外不受影响，工作效率大大提高。

简单实用 / 无须培训：

真正的简单实用，无须培训，价格便宜。

手机、电脑实时同步：

原生移动 App（Android & iPhone）手机与电脑数据完全实时同步，出门在外一样可以轻松管理业务。

采用"塑造价值模块"

简单操作、灵活自定义。

请立即下载使用！

简单实用，专为中小团队设计，彻底告别过去复杂难用又昂贵的内部系统。

强大且灵活的自定义功能，可以自定义出完全符合你需求的功能及界面，方便顺手。

采用"紧迫感模块"和"行动号召模块"

立即移动鼠标，在浏览器复制本文案链接，转发到朋友圈/微博/论坛等，然后截图，添加客服QQ：＿＿＿，免费获得本软件1年的使用权。活动截至＿＿＿年＿＿月＿＿日。

7.7　序列发售文案

序列发售就是通常所说的序列促销、发售公式。序列发售文案是把多组不同功能的文案，按照一定的时间顺序进行投放，进行预热，让读者的心理状态达到巅峰，然后在发售时间节点的最后时刻，再提出成交主张，来实现销售额最大化的目的。

序列发售文案在产品营销领域非常重要，尤其是新品发布阶段更为重要。值得用大篇幅讲解，因为它可以让一次营销推广活动的效果达到最优。

时空理论

运用好序列发售文案，并不是一件容易的事情。序列发售文案的难点在于如何设计不同功能的文案，如何设计合理的发售节点。为了方便文案写作者理解并运用序列发售文案，作者在此引入"时空理论"。

时间：某个时候到另一个时候。

空间：某个位置到另一个位置。

任何实物都具备时间和空间这两个维度的属性。时间和空间是物质运动的两种基本形式。既然是运动就具备能量，不管是时间维度还是空间维度，都具有能量场。那么就可以把一场系列发售活动看成"能量的积累和转换"。所有积蓄的能量将用于攻破消费者的成交障碍。这里不是要讨论物理学，而是把这个"时空理论"运用于序列发售活动，让营销活动能拥有更加强大的能量。拥有强大的正向能量意味着能够获得更好的营销效果。

在一次序列发售活动中，存在着两股能量的对抗，"营销能量场"和"消费阻力场"！如果商家想让序列发售活动取得巨大效果，就必须让"营销能量场"远大于"消费阻力场"。

"营销能量场"来自序列发售活动带来的能量，运用文案作为传播工具。而"消费阻力场"来自消费者自身对购买产品所产生的阻碍能量，"消费阻力场"

一般是不变的。商家唯有提高"营销能量场"来获得序列发售活动的成功。商家如果想获得巨大的"营销能量场"，可以从时间维度和空间维度蓄能，不管是时间维度的能量还是空间维度的能量，都应遵循能量守恒定律。

时间文案（序列发售文案）

把文案模块应用于时间维度，就形成了序列发售文案，参照以下时间节点发送不同的文案，积累时间能量场。

空间文案（营销型文案）

把文案模块应用于空间维度，就成了营销型文案，按照空间位置写作一篇文案，具有很强的营销力，可积累空间能量场。

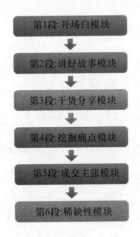

在促销活动的最后时刻使这两股能量集中爆发，获得更高的成交率，商家可以最大限度地获取订单。

空间文案（营销型文案）：积累快，可以瞬间积累很多能量，但不稳定、不持续、短暂。

时间文案（序列发售文案）：积累慢，需要长时间才能积累能量，但稳定、持续、长久。

即使营销型文案写得再好，成交率也有限，因为空间能量场已经固定了。要想提高成交率，唯运用序列发售文案技巧，提升时间能量场。

> 互联网上最为稀缺的资源是：注意力和信任感。

实战总结

（1）假设一次促销活动为期16天，那么写作者应该从30个文案模块中挑选出约15个模块，为每一个模块编写内容，每个模块可以包含多条文案。在活动的前15天，每天发送一个模块的一条文案或者多条文案。

（2）写作者应该调用15个模块，运用"框架设计＋模块调用＋总装优化"理论，写成一篇营销型文案，在活动的最后一天把所有流量资源引入这篇营销型文案中。

7.8　海报文案

如何打造高响应率的海报文案呢？以下是写作海报文案的几个要素：

- 一句话抓住注意力。
- 打造独特卖点。
- 塑造稀缺性和紧迫感。
- 行动指令。
- 描绘好处（选用）。
- 刺激痛点（选用）。
- 讲述案例（选用）。
- 列举数据（选用）。

以《××文案》公开课的海报初稿为例。这个海报中，"1"处运用目标人群定位写标语，吸引目标群体注意；"2"处运用独特卖点增强吸引力；"3"处运用稀缺性和紧迫感促使读者要立即行动；"4"处明确告知行动指令。

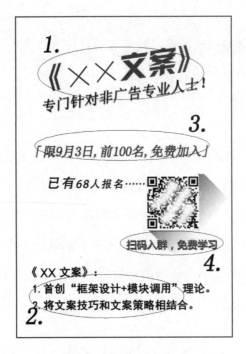

《××文案》公开课的海报初稿

步骤一：编写一句话广告语

要求简短、醒目，能迅速吸引注意力。可参考第3章的"模块1：撰写标题""模块2：开场白""模块5：挖掘痛点""模块14：深层诉求""模块15：购买动机"。

步骤二：挑选一张海报模板

选择标准：要根据本次海报的主题和广告语字数，来选择海报模板的颜色、风格、形状。获取海报模板的方法：利用搜索引擎搜索"海报模板"。

步骤三：描述独特卖点

通过一句话广告语，海报能捕获到消费者的注意力，但是消费者并不一定心动。而独特卖点决定了消费者是否采取行动，为什么选择该商家而不是竞争者的产品或服务。可参考第 3 章的"模块 7：产品介绍""模块 9：独特卖点"。

步骤四：稀缺性和急迫感

这部分技巧能使消费者快速行动、拒绝拖延。可参考第 3 章的"模块 22：稀缺性""模块 23：紧迫感"。

步骤五：行动指令

千万不要让读者去猜测、去思考、去查找。写作者应该直接、明确地告诉读者如何操作，如拨打电话××××、加微信××××、加 QQ ×××× 或者输入网址××××。还可以加上这些词：现在、立刻、马上、立即、赶紧等。可参考第 3 章的"模块 24：行动号召""模块 25：临门一脚"。

步骤六：塑造价值（可选）

以下是常用的塑造价值的方法，决定了海报文案的四个类型：好处型、痛点型、案例型、数据型。

（1）类型 1：描绘好处

以文案公开课为例：

● 分享营销型文案写作技巧。

● 全程剖析文案营销策略。

（2）类型 2：刺激痛点

以文案公开课为例：

● 为什么你的文案没有订单？

● 收入 3 000 元和 3 万元的文案差别在哪里？

（3）类型3：讲述案例

以文案公开课为例：

● 他是如何通过营销型文案每天自动获得10个订单的？

● 他是如何运用文案营销策略在两年内成为行业大咖的？

（4）类型4：列举数据

以文案公开课为例：

● 2 000名学员的共同选择。

● 30天掌握30种文案营销策略。

步骤七：PS替换图片、文字和字体（选用）

用PS软件或者其他图片处理软件完善海报，或者交给第三方平台完成。具体操作方法，可以按下面表述到网络上寻找。

● 搜索引擎搜索：PS替换图片。

● 搜索引擎搜索：PS替换文字。

● 搜索引擎搜索：PS替换字体。

● 搜索引擎搜索：PS保存图片。

7.9　促销型文案

促销型文案各种各样，没有统一的标准，建议结合稀缺性和紧迫感，方能奏效。

写作者可以运用"模块9：独特卖点""模块10：对比营销""模块15：购买动机""模块22：稀缺性""模块23：紧迫感"其中的一个模块或者组合多个模块。

（注：每个模块的更多功能特点和写作技巧，请参看本书第3章。）

以"模块13：塑造价值"＋"模块22：稀缺性"＋"模块23：紧迫感"为

例，分别为一款手机产品写简单的促销文案，方便读者理解。

（1）产品匹配度

在写作文案和投放文案时，要分析产品和目标人群的匹配度。假设此款手机为高端机型，那么促销文案应该发给有购买此款手机需求的人，并且是有一定经济实力的人，而不是发给所有想买手机的人。

（2）列举优势

> 举例：本产品采用____，拥有独家的____，价格____，赠品____，数量____，时间____。

（3）制造稀缺性

> 举例：本产品已经断货____，库存仅剩____，价格____，赠品____，数量____，时间____。

（4）产品属性：材料、工艺、产地

> 举例：本产品采用材料____，采用工艺____，价格____，赠品____，数量____，时间____。

（5）生产者：专家、设备、规模、专利

> 举例：本产品拥有多项专利____，每月销量高达____，覆盖____，价格____，赠品____，数量____，时间____。

（6）品牌相关：名人、荣誉、故事、创始人、合作方、员工学历

> 举例：本产品荣获____奖项，享有____荣誉，价格____，赠品____，数量____，时间____。

（7）和同行比较

> 举例：本产品在____价位上完胜对手，性能对比____，参数对比____，价格____，赠品____，数量____，时间____。

（8）和自己比较

> 举例：本产品已经升级到____版本，比较以往____版本，改进如下____，价格____，赠品____，数量____，时间____。

（9）送大量赠品

> 举例：本产品在上市初期，____日期内，下单赠送____和____，价格____，数量____，时间____。

（10）用户体验

> 举例：本产品能够解决以下几大难题____，为用户使用手机时带来更好的使用体验，价格____，赠品____，数量____，时间____。

（11）成功案例

> 举例：本产品的好评率____，目前____用户购买使用，针对手机独有的____功能发表评价，价格____，赠品____，数量____，时间____。

7.10 话术文案

营销型文案很多时候并不能直接产生订单，很多消费者可能会选择先咨询然后再购买。通过QQ、微信、微博、电话、在线客服等详谈后再做决定，这时候商家就需要运用成交话术文案，消除消费者的购买障碍点，最终收获订单。

邀约和沟通时常会遇到一些消费者购买障碍点，这里收集了六种常见的障碍点，并给出了合理应对的话术文案。

（1）顾客：考虑一下

对于客户的拖延和犹豫行为，商家可以采用"模块5：挖掘痛点""模块21：成交主张""模块22：稀缺性""模块23：紧迫感"应对。更多思路请翻看第3章的对应模块，此处仅列举简单案例：

● 购买后7天内无条件退款，我们不过问任何理由____。

● 这款产品呈现出的颜色，是采用____工艺，目前只有____。

● 在____日期之前购买，可享受折扣价____，赠品____。

（2）顾客：太贵了

这是价值和价格的问题，商家应该突出产品的价值感和使用效果，可以采用"模块8：权威效应""模块9：独特卖点""模块10：对比营销""模块11：效果证明""模块3：塑造价值""模块17：客户见证"。更多思路请翻看第3章的对应模块，此处仅列举简单案例：

● ____产品由____专家团队研发，荣获过____奖项。

● ____产品具备以下独家的性能____。

● 已经有____人使用我们的产品，达到____的效果，实现____。

● ____产品研发周期____，经费____，耗费人力____经过____手续。

● 客户____反馈____，客户____反馈____，客户____反馈____。

（3）顾客：能不能便宜

对于客户索要折扣的行为，商家可以采用"模块9：独特卖点""模块13：

塑造价值""模块 20：巧妙定价""模块 21：成交主张"应对。更多思路请翻看第 3 章的对应模块，此处仅列举简单案例：

- ＿＿＿产品拥有以下几项同类产品不具备的性能＿＿＿。
- 能够帮客户摆脱＿＿＿的麻烦，相比于这个价格而言＿＿＿。
- 买一件价格是＿＿＿，如果买两件可以便宜＿＿＿，或者赠送礼品＿＿＿。
- 您可以先使用，如果＿＿＿天内不能达到承诺的效果，我们将＿＿＿。

（4）顾客：别的地方更便宜

对于客户的同行对比行为，商家可以采用"模块 9：独特卖点""模块 10：对比营销""模块 17：客户见证""模块 18：行业内幕"应对。更多思路请翻看第 3 章的对应模块，此处仅列举简单案例：

- ＿＿＿产品在＿＿＿几个方面，做了独家的创新，遥遥领先对手。
- 这几位是＿＿＿的老客户，听听他们怎么说＿＿＿。
- 行业内，便宜的产品一般存在这些问题＿＿＿。

（5）顾客：它真的值那么多钱吗？

对于客户对产品价值的质疑，商家可以采用"模块 5：挖掘痛点""模块 11：效果证明""模块 13：塑造价值""模块 17：客户见证"应对。更多思路请翻看第 3 章的对应模块，此处仅列举简单案例：

- 以下问题一直困扰着您＿＿＿，采用＿＿＿产品不到＿＿＿天就能解决。
- 这是来自＿＿＿权威机构的数据，＿＿＿产品的效果＿＿＿。
- 经过＿＿＿工序，动用＿＿＿人力，耗资＿＿＿，才打造出这款产品。
- 看看这几位客户的亲身经历及产品使用前后的对比＿＿＿。

（6）顾客：我不需要

如果客户真的不需要，那就没必要纠缠。如果客户只是托词拒绝的话，商家可以采用"模块 21：成交主张""模块 21：稀缺性""模块 23：紧迫感""模块 27：从众效应"应对。更多思路请翻看第 3 章的对应模块，此处仅列举简单案例：

● 您可以购买回去，使用____天，如果达不到承诺的____效果，我们将

____。

● 如果选择____，购买送赠品，不过只有____套赠品，送完为止。

● 这是一次难得的机会，在____日期前购买，折扣____，赠送____。

● 已经____人使用____产品，上个月出货____，连续三年____。

7.11 网站文案

网站文案主要包含网站版块文案和网站资讯文案。网站资讯文案较为简单，并没有太多技巧可言，只需简单发布产品信息、最新公告、活动信息等。网站版块文案涉及文案布局和文案写作，对于一家公司官网而言，好的网站文案不仅可以使访客产生深刻印象，还可以促成订单或合作。一家官网的文案一般采用以下文案模块中的多个或者全部。

（模块3）写好故事：创业故事、品牌文化。

（模块4）干货启发：分享有价值的信息。

（模块5）挖掘痛点：挖掘客户痛点。

（模块6）画面联想：可以是商品使用场景、图片或视频。

（模块7）产品介绍：介绍产品的款式、功能等。

（模块8）权威效应：介绍产品的权威信息，增强说服力。

（模块9）独特卖点：讲解产品的独特之处。

（模块10）对比营销：对比同行产品。

（模块11）效果证明：讲解如何确保产品的效果。

（模块13）塑造价值：讲解产品的价值，卖出高价。

（模块17）客户见证：列举典型老客户的案例。

（模块29）个性介绍：介绍团队、公司及创始人等。

（模块30）常见问题：分析客户常见的问题，消除顾虑。

（注：每个模块的更多功能特点和写作技巧，请参看本书第 3 章。）

以下是一个简单网站文案布局图：

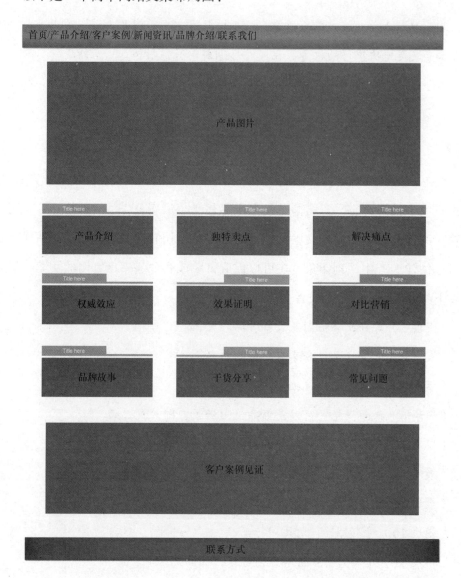

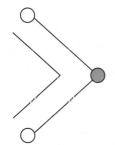

第8章
非常文案高手策略

文案新手和文案高手的区别在哪里？本章揭示文案高手们是如何玩转文案的，如何使每一个文案策略都价值连城。

文案新手和文案高手的真正区别在哪里？本章为你揭秘文案高手是如何玩转文案的。文案和营销不分家，营销活动需要文案来落地，文案需要营销思维来提高回应率。以下这些技巧可以让文案插上营销的翅膀，让文案更具营销力！

"文案技巧＋文案策略"能充分运用文字的力量，让文案发挥更大威力！如果说文案技巧是从微观和战术层面对文字段落进行雕琢，那么文案策略则是从宏观和战略层面对产品市场的掠夺。

8.1　巧用心理学

"推销灭火器的时候，先从放一把火开始。"——大卫·奥格威，广告专家，奥美广告公司创始人。

人们的各种情绪，比如同情心、厌烦、失望、紧张、悲痛、爱心、恐惧、愤怒、孤独等感受比较适合用于写作文案中，其中这些因素往往能引起消费者的高度关注。以下是一则介绍报警器的文案案例。

举例：

近年来，有不少儿童走丢的案例，走失儿童的父母亲伤心欲绝，他们后悔自己的粗心大意。更严重的是，很多家庭的小孩是交给年迈的爷爷奶奶照顾，由于年老的原因，加大了孩子走丢的概率。此类事件一旦发生，整个家庭都会处于悲痛状态。家里小孩还小，老人已老，难道你不想尽可能避免这种事情的发生吗？

本公司推出新型报警器，只要小孩离开看护人设定的距离范围内，看护人就能立即收到报警提示，并且能实时读取小孩当前的位置信息……

分析：恐惧心理能够给消费者带来很强的行动力。

8.2　子弹头策略

产品的优势有很多，写作者可以制作表格将产品优势逐一呈现给读者。此外，写作者还可以列举痛点，每一个痛点击中读者的一个诉求。在广告文案领域形象地称之为："子弹头"。之所以称为子弹头，是因为每一个子弹头能击中一个客户需求点或痛点，大量的子弹头语句形成了更强的行动力。

子弹头写作的技巧主要是将产品的优势、卖点、痛点及客户需求等，写作有悬念的语句，引起读者兴趣，从而让读者有想去了解的冲动。子弹头的数量一般在 10 个以上，20 个以下。下面是一则介绍演讲培训的案例。

举例：

展现演讲魅力、提升演讲技巧

√ 为什么有些人聊天时能够滔滔不绝，但是在演讲台上却不知所云？

√ 为什么有些人在生活中不爱讲话，但是在演讲台上却能妙语连珠？

√ 让人上台不紧张的三个实战秘诀？

√ 如何让自己不用演讲稿也能思路清晰地去表达？

√ 如何让自己的发言更有魅力？

√ 你想知道高手们都在用哪些演讲开场白吗？

√ 你想知道高手们是如何化解在演讲台上的尴尬局面吗？

√ 是什么技巧让一个小学生在辩论赛中战胜了大学生？

√ 口才优秀的你，为什么不能改善人际关系，问题出在了哪里？

√ 如何让自己成为一个会说话的职场佼佼者？

分析：子弹头策略将激发消费者的行动力。

8.3　两步法策略

当商家遇到以下情况时：

● 广告费用很高。

● 产品利润很低。

● 广告的版面有限。

● 竞争对手有明显优势。

● 产品价格较高且很难销售。

不妨试试文案两步法策略，这是商家掠夺市场份额的强大武器。常规操作思路如下：商家写文案的时候，第一步要先获取客户的联系方式，第二步再卖产品；而不是在一开始接触客户时就直接在文案中试图销售产品。

举例：

介绍一款瘦身产品，分别采用一步法和两步法策略

这是作者以前操作过的一个投放点击广告的案例，仅供参考。

采用一步法策略：瘦身产品广告，平均每天200个点击能产生一个订单，2元一个点击，产品成本是200元。即产生一个订单的成本为 $2×200+200=600$ 元，假设产品售价700元，那么一个订单的利润为100元。

采用两步法策略：第一步，先写文案试图获取潜在客户，并提供试用装，邮费由消费者承担，每套试用装成本15元，平均每天200个点击，有20人申请，每天成本为 $2×200+15×20=700$ 元。第二步，向试用者推销主产品，我们在快递包裹里放置产品文案，同时采用打电话和发邮件等方式推销主产品。结果是，每天领取试用装的20人中，平均会有2个人复购主产品。假设主产品售价为700元，成本200元，那么商家得到的利润为 $700×2-700-200×2=300$ 元。

> 总结：采用文案两步法策略比采用一步法策略，利润增加了 300 − 100=200 元。
>
> 分析：两步法策略能否发挥效果，与产品有关，与文案的营销力有关，还与客服的跟进能力有关。

采用两步法，对消费者而言，可以极低的门槛使用产品，体验产品的价值。如果产品真的如文案所述，消费者一般情况下会复购主产品，商家的利润自然会增加。

第一步可能不盈利甚至亏钱，但是可以筛选出潜在客户，获取客户的联系方式，可以让更多客户体验产品的价值。第二步才是盈利武器，真正开始销售产品。这样商家将会获得比原来更高的成交率，产生更多订单和利润。

8.4　阶梯策略

当人们要说服别人做一件事情的时候，过高的目标往往会让人容易放弃，只有先设定一个较低难度的目标，达成此目标之后，才有可能完成最终目标。

商家应该先让潜在客户购买低价格的商品，不管售价有多低，当完成此次交易时，对方已经成为商家的客户。在这种情况下，对方会更信任你，接下来再销售更高价格的商品会变得更容易。

举例：

介绍瘦身产品的阶梯策略

商家的主打瘦身产品是 2000 元的 A 产品，但是，如果直接向客户推荐 A 产品，销售难度很大，这时商家可以考虑开发出一款比 A 产品略低端的 B 产品，价格只有 199 元。当客户认可 B 产品的价值后，商家再去跟进推销 A 产品，这样的成交率会比原来高出很多。

分析：阶梯产品策略可以让销售变得更加简单高效。

8.5　单品策略

在一篇营销型文案中，通常建议只销售一款产品，因为对消费者而言，拥有太多选择效果未必好，他们想着想着，行动力和兴趣就下降了，选择放弃的可能性就上升了。如果商家有多款优质产品，那么可以分开写文案，也可以在购买过产品的客户中，发送第二篇营销型文案，推销其他产品。

8.6　优选策略

优选策略的核心是在文案中增加一个对比项，用来突出主打产品的价值，让读者的选择结果更加倾向于商家的预设定项。因为每个人都希望付出更少的代价得到更多的回报。

以下是一篇薯条＋汉堡套餐文案的部分段落。

举例：

介绍薯条＋汉堡套餐的优选策略

欢迎光临，请选择您的套餐：

A：一个汉堡：28 元。

B：一份薯条：15 元。

C：一个汉堡＋一份薯条：29 元。

分析：消费者通过对比可以快速得到优选项。

读者将顺着广告一行一行往下读。第一种选择：花 28 元购买一个汉堡，好像也不算贵；第二种选择：花 15 元购买一份薯条，价格有点高，但还可以接受；

第三种选择：一个汉堡加一份薯条竟然是 29 元，只增加了 1 元。

只提供产品的单一报价，消费者会觉得贵，所以要采用优选策略，增加另外两个选项。生活中常看到，×× 手机 2000 元，×× 耳机 200 元，如果购买手机加耳机套餐仅 2010 元。这些案例都是采用了优选策略。

8.7 零风险策略

很多时候会出现这样的现象：商家的产品很好，文案也写得很好，客户对产品也有需求，并且拥有购买能力，可是订单却寥寥无几。

消费者在做购买决定时，还有一个非常重要的因素：担心风险。无论是商家还是文案写作者，都应该在推销产品的时候尽可能地解除消费者的担忧，尽可能多地降低消费者的购买风险，最好做到零风险。

每当商家或文案写作者发现文案的回应率不佳时，不妨采用以下两种降低风险的销售思路，从而让文案得到更多回应。

免费试用

为新客户提供免费试用的名额。让客户在体验过产品的价值之后再做购买决定，这是消除客户购买担忧的首选方案。商家可以在文案中邀请客户到店里免费体验产品的某些功能，或者将产品邮寄给客户，满意后再付款。

退款保证

商家在产品文案中应清清楚楚写明，一旦客户对产品不满应该怎么处理。包含退货规则、退款问题、换货问题以及其他售后问题。其中最为重要的是退货退款问题，即全额退款或部分退款。一般来说，只要不影响产品的二次销售，商家应该在文案中承诺，允许全额退款退货，或者只收取少量手续费。有些产品是消耗品，例如数码产品、保健产品，消费者购买后可能已经使用了一段时间，针对这种情况，商家和文案写作者应该在文案中写明部分退款的规则。

商家给消费者后悔的机会，消费者给商家盈利的机会。

8.8　门槛策略

这是人类行为的一个重要定律。商家要让人们渴望做一件事，并且让别人不易获得做这件事的机会，因此会形成准入门槛。

在商品促销活动时常用的限时、限量、限人数、限年龄、限性别等，也是基于此原理。写作者在文案中可以适当简单设定一个行动门槛，比如：

- 本产品仅限女士购买。
- 本产品仅限经理级别以上者报名参加。
- 本社团仅限年收入 100 万元以上者申请。
- 仅限本市户口，享五折优惠。

8.9　赠品策略

在写文案推广产品的时候，要让赠品变得有价值。商家最好提供多个赠品，赠品越多意味着价值越高。同时还应该注意，商家所提供的赠品应该与主产品相关，相关度越高赠品的价值越高。比如，客户购买童装应该赠送小孩玩具和卡通画册，而不是赠送鼠标和键盘等。

举例：

介绍购买瘦身产品的案例

- 赠品一：试营业期间，赠送××品牌塑身衣一套，让身材更有型。
- 赠品二：试营业期间，赠送××营养餐一份，瘦身不流失营养。
- 赠品三：试营业期间，赠送××健身馆会员卡一张，巩固身材。

分析：赠品策略可以提高文案的成交率。

一定要强调赠品的价值

为了充分发挥赠品策略的效果，商家应该要告知或提醒顾客该赠品的真实价值。（关于价值塑造方法，可以参考本书第 3 章的"模块 13：塑造价值"）

8.10　免费策略

采用免费策略的好处是让更多的客户接触产品，了解产品。对客户而言，可以不付出任何代价就可以体验产品的部分功能和价值，会大大降低购买风险；对商家而言，通过免费策划赢得了客户的信任，从而得到更多的订单。

免费的目的是为了获得信任，是为了传播，是为了让产品尽可能多的抵达至潜在客户。NBA、微软、小米，都在用直接或间接的免费手段来扩张市场。

不管商家推广的是实物产品还是虚拟产品都可以采用免费策略。如果是虚拟产品，可以提供"30 天试用""免费开通部分功能""免费账号"等；如果是实体产品，如何在不增加成本的基础上运用免费策略呢？商家可以将实体产品对应的价值"虚拟化"，从而可以降低成本。

举例：

> **介绍实物产品的虚拟化思路**
>
> ● 销售减肥产品：免费提供瘦身讲座、健身卡等。
>
> ● 舞蹈训练：免费提供在线视频、网络咨询、设计方案。
>
> ● 私人飞机俱乐部：免费提供飞行教学资料、免费社群、指导建议。
>
> 分析：无论是虚拟产品还是实体产品，都可以运用免费策略。

8.11   风险逆转

风险逆转是让客户无法拒绝的成交策略，广泛应用于营销推广活动中。同样它也适用于文案写作。这条策略的精髓是，如果客户购买产品后，对产品不满意，那么客户最终不仅可以拿回全部款项，还可以额外得到其他好处。如果商家想运用好此策略，商家的产品品质必须过硬，而且有效果保证，否则可能会亏本。常用的两种方法如下。

方法一：全额退款，并提供 20% 额外赔偿

如果产品确实能产生预定的效果，那么商家完全可以大胆承诺。比如，假如产品在某某情况下，若不能产生某某效果，那么将额外退还客户 20% 的款项，作为补偿客户在时间方面的损失。经常看到有些课程的宣传如下，"课程价格 100 元，如果学习后不满意退回 120 元。"

方法二：全部赔偿，可保留赠品

商家可以放心地承诺给顾客，无论收到产品多少天，都可以退回产品，并且顾客在得到退款后仍然可以免费保留所有的赠品。

这就是风险逆转策略。可以说，所有的客户都喜欢商家提出这样的策略。商家如果对自己的产品有足够的信心，就可以采用风险逆转策略，势必将大大提高文案的回应率。

8.12   吸星大法

吸星大法的意思是文案写作者在创作文案的过程中可以参考同行的优质文案，借鉴好的思路并运用到自己的文案写作中。但难点也在于如何找到优质的同行作品。

通常可以从以下四种媒介中查找，写作者应该重视那些长期投放的文案作品。

- 媒介 1：报纸杂志；留意广告版面。
- 媒介 2：门户网站；留意广告版面。
- 媒介 3：搜索引擎；搜索产品关键字。
- 媒介 4：电商平台；搜索产品关键字。

8.13　终生价值

文案写作者不能仅凭一篇文案的成交率来断定该文案是否成功，还应参考另一个指标：终生价值。顾客的终生价值是指该顾客在一生中，为公司带来的利润总和。有些文案在短期内并不能带来利润，但是它们却能让潜在客户开始接触商家的产品。

比如，写一篇销售服装的文案，每带来一个新客户的成本是 100 元，每件服装的利润是 100 元，那么商家在这一次文案推广中是不盈利的。但是，好的产品可以让客户多次购买，每年换季的时候也会复购。假如每 10 个新客户中，平均有 2 个客户会在首次购买后，每年再购买 4 件，会在未来 3 年内持续购买，那么通过计算为 $2 \times 4 \times 3 \times 100/10=240$ 元，这个新客户的终生价值便应该是 240 元，而不是 0 元。这时商家可以大胆去投放广告，可获得大量潜在客户，只要平均每单广告成本少于 340 元（240 元 +100 元）就能接受，即便第一单买卖没有盈利。

8.14　转介绍策略

文案高手除了能提高文案的回应率之外，还应擅长扩大文案的影响面，他们常用的是转介绍策略。通过一篇文案获得潜在人群或者真实客户，然后再说服此类人群帮忙传播和推广文案。

商家不妨向已有的客户发送专属文案，告知他们，如果帮忙转发海报或者文案将可以得到某些好处。一般来说，购买过产品的人，体验过产品的价值，对商家和产品已经形成信任感，这部分人更乐意帮忙传播和转发文案。

8.15　老客户策略

商家与其花大量的时间挖掘新客户，不妨把重心放在老客户身上，尤其是老客户中的 A 级客户。在做文案推广的时候，应该加以区分，为老客户另写作文案，除了感谢他们的支持，还应该提供更多折扣与优惠，并且让老客户拥有部分优先权。

老客户除了会复购之外，很有可能会帮忙转介绍新客户，形成口碑传播。

8.16　跟进策略

文案高手们会通过一篇文案获得客户之后，将已经购买过产品的客户进行分组，然后跟进，借势继续推送第二篇文案，推销另外一款产品。

比如，文案写作者写作一篇手机文案后得到了大量客户，如果不用跟进策略，即使客户对手机很满意，那么也只能等他们复购手机的时候才会再次产生利润，这个时间周期比较长。此时，商家不妨在购买手机的客户包裹中，放入一篇推荐充电宝的文案，或者耳机之类的相关产品文案，跟进推销，从而让商家获得更多利润。

8.17　联盟策略

联盟策略一般有两种类型，一是推广者联盟，二是行业联盟。此联盟的最大特点是，商家可以把全部利润都让给第三方，自己只要得到客户即可，然后在后端实现盈利。

（1）**推广者联盟**：商家可以组建推广者联盟，参与推广的伙伴可以得到绝大部分的产品利润，商家提供相应的推广海报、广告文本、营销型文案。

（2）**行业联盟**：商家可以组建行业联盟，但不是直接竞争的同行联盟，是相关行业商家联盟。联盟内的商家可以相互推荐文案，并销售各自的产品，实现盈利。虽然客户群体是固定的，但是消费者的需求却是多样的。

比如，婚庆店、花店、酒店、礼服店、婚纱店等，可以组成行业联盟，这些商家之间不存在直接竞争关系，但是背后的消费人群基本一致。

8.18　专家路线

文案高手们会经常运用文案技能将自己打造成行业专家，进而拥有更强的影响力，得到更多的合作机会。通常的做法如下：

（1）定位细分领域。

越细分越容易被读者记住，越容易形成影响力。

比如，不要把自己定位成 SEO 专家，而应该定位成 QQ 群 seo 专家、公众号 SEO 专家等，定位成此类细分领域的专家。

（2）找到 100 个问题。

通过论坛、贴吧、网站、留言、访问、问卷等途径找到 100 个该领域可能存在的问题，解决这些问题就能帮助潜在用户提高相应技能。（100 只是参考数值，数量可以多于 100 或者少于 100）

（3）为每个问题分别写解答文案。

为每个问题寻求答案，分享自己的专业知识，每个问题对应一篇或者多篇文案。

（4）整理成系列专题。

如果有的问题比较复杂，可以整理出多篇文案，形成专题。比如，做 SEO 排名的朋友就可能用到 ×× 软件，而软件的操作说明需要多篇文案才能讲解清楚，所以应该把介绍 ×× 软件的使用文案整理成专题。

（5）对外发布。

最后是定期更新，最好是每周发一篇，有条件的也可以每周发 2~3 篇。切记一定要有规律地更新，并持续更新。文案可以发送到网站和博客，公众平台，媒体平台，以及其他免费的或者付费的平台，只要做到定期持续更新发布100个（100只是参考数值，数量可以多于100或者少于100）细分领域的问题和答案，假以时日，商家将会以一个该领域专家的身份出现在读者面前。

8.19　只卖畅销品

当有多个产品需求推广时，优先选择畅销品。在行业里有一个规律，文案写作大获全胜的前提是，"寻找易于销售的商品，重点关注相对畅销的商品，而不是每一件产品"。

因此，如果商家想快速获得回报的话，先不要去碰那些不确定会不会畅销的产品，或者未经市场认可的产品，最好是先选用一款好产品打开市场。

作为文案写作者，如果有多款产品需要写文案，不妨先从最受市场欢迎的产品入手开始写作，进行投放。因为在一款畅销产品上收获的回报，有时会大于几款不怎么畅销产品的销售额总数。与其写十篇不同产品的文案，不如写十篇同一款产品的文案。

8.20　最大化策略

文案高手往往不刻意追求文案的细节部分，而是追求回应率最大化。如果想获得更高的回应率，写作者必须学会测试文案。文案高手一般会准备三篇或者更多文案，并同时准备三个或者更多标题。然后将目标人群分组，分别测试，最后选用测试效果最佳的文案和标题。唯有经过测试，经过市场验证，才有发言权。

除了测试标题和文案之外，可以选择测试产品的价格和赠品的类型，还可以测试流量的质量。在大量投放广告之前，应该花少量钱，先测试渠道流量的质量，然后根据测试结果，再考虑是否扩大范围投放，以及长期投放。

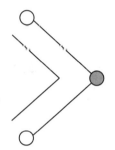

附录

"请扔掉这本书！"

请扔掉本书，走进生活，开始实践。

阅读完本书，除了学习文案技巧，提高文案写作能力之外，读者还能得到什么？其实，文案不只是文案。如果能举一反三，读者可以把文案技巧升华到文案思维，将文案思维运用到学习、生活、工作中，而不仅仅局限在文案写作中。

文案技巧 VS 文案思维

很多人只知道文案技巧，并不知道什么是文案思维。

> 在作者的理解中，"思维"是一种方法论，是一种解决问题的思路，已不再局限于某一个事物，是已经脱离原本事物而形成的适合其他事物的方法论。
>
> 请读者朋友认真回顾本书前面章节，也就是第3章中所讲到的30个模块，它们分别代表着30种文案思维。

文案思维到底能帮助读者解决什么问题，获得哪方面的好处？人们经常会说到的文案写作技巧，比如"标题写作技巧""挖掘痛点""描绘客户梦想""打造独特卖点""零风险承诺"等。这些可以叫作"文案思维"吗？不可以，这些仅仅是"文案技巧"，仅仅是运用在文案写作方面。

"文案模块5：挖掘痛点"这个文案写作技巧如何转变成文案思维呢？"挖掘痛点"本质是找到目标群体最关心、最在乎，令其头痛不已不得不解决的障碍。那么这就是文案思维，已经不局限于文案写作技巧了。

如何把"挖掘痛点"这个文案思维运用到工作和生活中？比如，在求职问题上，应聘者试图找到 ×× 公司在其申请的岗位上，目前存在的哪些很头疼的问题，而且应聘者恰好能解决这些问题，在面试的时候应聘者只需提起这些痛点问题和解决方案，那么应聘成功率将会大大提升。再比如，在和投资人讨论项目的时候，创业者可以找出某个行业某类人群的痛点需求，然后提供解决方案，那么创业者能拿下投资的概率就会相应增加。这就是痛点思维，痛点思维适用于很多事物中，已经不再局限于文案写作本身。

改变人生的 30 种文案思维

人们可能不是每天都需要写文案，那么是不是文案技巧就用不上了？当然不是，读者可以把"文案技巧"升级成"文案思维"，然后在日常生活和工作学习中随时随地都有可能运用到。学会融会贯通，举一反三，才是学习的更高境界。

在什么场合可以运用文案思维呢？答案是：很多场合，没有限制。凡是人们处在"希望影响别人的想法""希望说服别人""希望他人采取相应行动""希望在竞争中获胜"的情境下，都可以考虑使用文案思维。可以使用其中一种文案思维或者几种文案思维，就像之前讲的文案模块一样，文案思维既可以单独使用，也可以组合使用。

就像这些场合，竞聘岗位、邀请人才、上台演讲、产品宣传视频、商业视频制作、PPT 制作、招商融资、创业项目、工作汇报、谈业务、谈判、比赛、竞选……都可以运用文案思维来让人们赢得绝对优势。

以下将简单讲解部分文案模块对应的文案思维，每种文案思维包含两个例子，分别是：应聘程序开发工作、商谈网站建设业务。希望读者朋友可以举一反三，把文案思维运用到人生中的方方面面。

（1）标题思维

主要思路：第一时间吸引读者注意力。

赢得注意力才有机会做进一步的交流，帮助读者赢得更多机会。

● 应聘程序开发工作：在形象、简历等方面引起注意。

● 商谈网站建设业务：在形象、谈吐等方面引起注意。

（2）开场白思维

主要思路：用读者关心的具体事物，引起对方的兴趣。

能用换位思考的方式，思考、分析或提供对方感兴趣的内容，帮助读者赢得更多机会。

● 应聘程序开发工作：讲工作上的看法。

● 商谈网站建设业务：谈客户官网的建议。

（3）故事思维

主要思路：运用故事的力量证明论点。

人们喜欢听故事，好的故事可以打动人心，帮助读者赢得更多机会。

● 应聘程序开发工作：讲特殊的工作及生活故事。

● 商谈网站建设业务：讲特殊的工作及生活故事。

（4）干货思维

主要思路：做有利于他人的事情，以便获得机会。

给别人提供价值是一种利他行为，帮助读者赢得更多机会。

● 应聘程序开发工作：谈自己如何能把这个工作做得更突出。

● 商谈网站建设业务：准备一份网站诊断建议和竞争分析表。

（5）痛点思维

主要思路：找到对方急需摆脱的痛点，并提供解决方案。

设身处地为他人着想，为他人提供解决问题的思路，帮助读者赢得更多机会。

> - 应聘程序开发工作：分析行业技术难题并提供方案。
> - 商谈网站建设业务：分析网站存在的严重问题并提供方案。

（6）画面联想思维

主要思路：给别人描绘理想中的画面。

画面联想不同于统计数据，它刺激人类大脑的非理性部分，帮助读者赢得更多机会。

> - 应聘程序开发工作：关于这份工作的一些设想。
> - 商谈网站建设业务：展示网站设计后的效果。

（7）产品介绍思维

主要思路：我们能给别人提供何种好处和帮助。

这是便于对方了解事实的最基础部分，帮助读者赢得更多机会。

> - 应聘程序开发工作：介绍自己的工作技能。
> - 商谈网站建设业务：介绍网站的具体功能。

（8）权威思维

主要思路：利用第三方权威机构的评价来证明自己。

沟通过程中，让别人觉得可信任和有能力是必要的，帮助读者赢得更多机会。

> - 应聘程序开发工作：展示获得的奖项和职称。
> - 商谈网站建设业务：展示权威平台机构的评价。

（9）卖点思维

主要思路：找到自己的独特之处。

独特卖点可以让主人公从众多竞争者中脱颖而出，帮助读者赢得更多机会。

- 应聘程序开发工作：展示独特的技能。
- 商谈网站建设业务：提供独特的网站功能和团队实力。

（10）对比思维

主要思路：和同行对手对比。

对比可以突出优势，让观点更有力度，帮助读者赢得更多机会。

- 应聘程序开发工作：对比同岗位其他公司特点。
- 商谈网站建设业务：对比同行的特点。

（11）效果思维

主要思路：对提出的主张进行证明。

向对方证明方案的可行性，证明选择是明智的，帮助读者赢得更多机会。

- 应聘程序开发工作：证明自己能胜任这份工作。
- 商谈网站建设业务：介绍团队成员，证明能做好网站。

（12）信任思维

主要思路：信任感是一切行为的前提。

提供能让对方信任自己的方案或者资料，帮助读者赢得更多机会。

> ● 应聘程序开发工作：介绍自己的经历，获得的证书及荣誉。
>
> ● 商谈网站建设业务：介绍公司发展及获得的荣誉证书。

（13）价值感思维

主要思路：让事物显得价值感十足，而非廉价。

价值观间接决定了你的回报高低，能否突出价值感是核心，帮助读者赢得更多机会。

> ● 应聘程序开发工作：介绍参加过的大公司和大项目。
>
> ● 商谈网站建设业务：介绍参加过的大公司和大项目。

（14）深层思维

主要思路：透过现象看本质。

分析对方真正的隐形诉求，不仅可以更好地帮助对方解决问题，还能收获信任感，帮助读者赢得更多机会。

> ● 应聘程序开发工作：讲解自己如何能让公司的产品升级。
>
> ● 商谈网站建设业务：讲解如何让网站获取流量和订单。

（15）动机思维

主要思路：分析别人的行为动机，深入了解。

通常就是人们常说的"给我一个选你的理由。"一个简单的动机，帮助读者赢得更多机会。

> ● 应聘程序开发工作：分析该公司以往的招聘标准。
>
> ● 商谈网站建设业务：分析是什么因素最终决定客户是否建站。

（16）额外思维

主要思路：告知意想不到的好处。

人们希望付出少，回报多，如果有这方面的优势，将帮助读者赢得更多机会。

> ● 应聘程序开发工作：讲解自己除了岗位要求技能，还有什么其他特长。
>
> ● 商谈网站建设业务：讲解除了建设网站，还能提供什么其他资源。

（17）见证思维

主要思路：运用客户见证和成功案例。

第三方的评价将起到至关重要的作用，尤其是需要对方做重要决定时，帮助读者赢得更多机会。

> ● 应聘程序开发工作：介绍自己参加过的项目。
>
> ● 商谈网站建设业务：介绍几个老客户的网站情况。

（18）内幕思维

主要思路：告诉别人一些他们关心的行业内幕。

这是引起对方重视和获得信任感的好方法，帮助读者赢得更多机会。

> ● 应聘程序开发工作：分析行业程序漏洞及内幕。
>
> ● 商谈网站建设业务：分析网站建设行业的内幕，如成本问题。

（19）缺点思维

主要思路：适当讲解自身的缺点。

敢于承认自身或者产品不足的人，会增加不少诚信分，帮助读者赢得更多机会。

● 应聘程序开发工作：讲几点自己的不足之处。

● 商谈网站建设业务：讲几点团队及技术方面的不足之处。

（20）定价思维

主要思路：多个报价、多个选择，满足不同人群。

给对方提供多个选项，有益于对方做决定，帮助读者赢得更多机会。

● 应聘程序开发工作：表达愿意接受多个相关岗位中的任意一个。

● 商谈网站建设业务：提供多个网站建设套餐，设定不同服务。

（21）主张思维

主要思路：明确告知对方需要付出什么，然后将得到什么回报。

运用利他思维，好的主张对双方都是友好的，帮助读者赢得更多机会。

● 应聘程序开发工作：提示随时可以上班，电话联系随时签合同。

● 商谈网站建设业务：提示联系客服签协议，然后实现方案后付钱。

（22）稀缺性思维

主要思路：在别人犹豫不决的时候，给对方一个稀缺性理由。

一般情况下，稀缺的资源更能体现价值感，帮助读者赢得更多机会。

> ● 应聘程序开发工作：提示自己在行业内属于稀缺人才，有稀缺技能。
>
> ● 商谈网站建设业务：提示公司是行业内少有的能提供独特服务的地方。

（23）紧迫感思维

主要思路：在别人犹豫不决的时候，给对方一个紧迫感。

适当的紧迫感是值得提倡的，谨记"过犹不及"，帮助读者赢得更多机会。

> ● 应聘程序开发工作：提示自己希望在某个时间之前得到答复。
>
> ● 商谈网站建设业务：提示行业发展趋势，占商机，目前价格优惠。

（24）号召思维

主要思路：说出明确的真实想法和行为动作。

越清晰越具体越好，帮助读者赢得更多机会。

> ● 应聘程序开发工作：告知自己的多种联系方式和上班时间及地点要求。
>
> ● 商谈网站建设业务：告知各种联系方式可以联系谈合作。

（25）临门思维

主要思路：在别人犹豫不决的时候，给对方一个行动理由。

与对方沟通到最后时，可以总结几点重要理由，将帮助读者赢得更多机会。

> ● 应聘程序开发工作：给对方一个应该录取自己的理由。
>
> ● 商谈网站建设业务：给对方一个选择合作的理由。

（26）列举思维

主要思路：把所有好处和坏处同时罗列出来。

这是一种体现说服力的好途径，增加对方的行动力，帮助读者赢得更多机会。

- 应聘程序开发工作：分析自己的技能以及公司面临的问题。
- 商谈网站建设业务：列举合作优势和合作方面临的问题。

（27）从众思维

主要思路：暗示畅销受欢迎。

沟通的双方都有所顾虑，向对方展示自身以往的情况，帮助读者赢得更多机会。

- 应聘程序开发工作：展示自己曾在多个优秀岗位上任职。
- 商谈网站建设业务：展示客户的数量和来访情况。

（28）附言思维

主要思路：最后时刻提醒别人最重要的信息。

如果沟通时间过长，建议在即将结束时再次提醒重要信息，帮助读者赢得更多机会。

- 应聘程序开发工作：再次展示自己拥有的独特技能。
- 商谈网站建设业务：提醒优惠信息或者独特卖点。

（29）个性介绍思维

主要思路：给别人一份个性的自我介绍。

附带个人和团队的介绍素材是比较人性化的，显得有温度，将帮助读者赢得更多机会。

● 应聘程序开发工作：附带个人比较有意义的故事或经历。

● 商谈网站建设业务：展示公司团队。

（30）问题思维

主要思路：分析并解决别人的顾虑和担忧。

为他人分析问题，并提供解决方案，这本身就是为他人提供价值，将帮助读者赢得更多机会。

● 应聘程序开发工作：挖掘公司此岗位上目前存在的多个问题。

● 商谈网站建设业务：分析合作方网站建设方面存在的严重问题。

放下本书，走向未来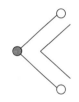

本书系统地讲解了"非常文案理论"，它为非广告专业人士提供了新的写作文案思路，它是关于营销型文案的写作方法论。回顾本书所有章节，首先，介绍文案写作前的准备工作；其次，介绍文案写作基础模块，并提供部分行业的典型文案框架；最后，讲解文案总装优化的技巧。整套文案写作理论的核心：框架设计＋模块调用＋总装优化。

文案写作者在深入学习30个文案写作模块的基础上，可以灵活设计出所需要的文案框架，进而写出高回应率的营销型文案。写作者掌握文案框架设计思维，就不会再因没有灵感而无从下手。对于文案新手而言，除了框架设计之外，还比较令人头疼的是如何把想法变成文字。在书中，讲解了如何运用聊天式写作风格，快速把想法变成文字，这个技巧可以帮助初学者快速成文。最后，在如何提高文案的营销力方面，本书介绍了20种文案策略，这些策略在实战中被验证很有效，可让文案如虎添翼。

文案新手面临的三大问题已经在本书中得以解决：

● 没有写作思路：运用框架设计思维。

● 把想法变成文字：运用聊天式写作。

● 让文案更具营销力：运用文案策略。

回顾本书的核心写作理论"非常文案理论"：

> 非常文案理论＝框架设计＋模块调用＋总装优化＋聊天式写作＋文案诊断＋文案策略。

读者在深入学习本书后，能够熟悉文案模块写作技巧，掌握文案框架设计精髓，学会举一反三，灵活运用，设计出精彩的文案作品。这套非常文案理论不仅仅适用于本书介绍到的应用场景，同样适用于其他各式各样的营销型文案写作。例如：宣传册、邮件、报纸杂志广告、招聘／应聘文案、创业计划、招商文案、融资文案、品牌文案、PPT 演示、音频／视频脚本、各类促销文案等。在本书的最后部分，讲解如何将"文案技巧"升级为"文案思维"。引申如何将"文案思维"运用到学习、工作、生活的方方面面。到此，"非常文案理论"讲解结束。

　　最后说明，本书介绍的任何一种技巧、方法、策略、思维等都需要不断摸索和调整，才能达到最优效果。希望读者在深入学习本书后，扔掉本书，走向实践，走进生活，走向未来。祝愿您在接下来的文案创作中取得更大的进步。

后　记

　　历经两年的伏笔写作与不断完善，本书终于能够如期交稿，出版问世。写作真的是一个系统的大工程，需要投入大量的时间和精力，需要反复修改和调整。说出来也不怕读者朋友笑话，在这期间我至少有过三次想要放弃，但最终还是坚持下来了。

　　本书中，我将六年来的文案写作心得倾情分享，总结的这一套文案写作思路——框架设计＋模块调用＋总装优化，希望创业者、中小企业老板、广告人、营销人、推广者、店铺商家、自媒体人等相关人士反复阅读，理解非常文案写作理论的精髓，运用文案的惊人力量，获得事业和生活上的更大成功。

　　一本书的完成，汇聚了许多人的智慧与付出。感谢我的朋友帮忙拟定这么好的一个书名，"非常文案"寓意：

　　● 提供非同寻常的思路：即使是专业的文案写作者也能从中获得灵感和启发；

　　● 服务非同寻常的读者：这是一本适合非广告专业人士阅读的文案书籍；

　　● 讲解非同寻常的技巧：这是一本将文案写作和营销策略完美结合的文案书籍；

　　● 分享非同寻常的理论：采用"框架设计＋模块调用＋总装优化"的文案写作思路；

　　● 期待非同寻常的作品：真心祝愿更多的读者可以写出价值百万的文案作品。

　　感谢文案行业的前辈，让我可以快速学习和成长；感谢出版社和编辑提供的巨大支持，让本书得以面世。感谢我的父母亲，让我可以更率性地工作和生活，让我可以追随内心的一团火，勇敢地去实现梦想。感谢我的好朋友谢江平，多年来他给予我许许多多的帮助。感谢自己多年来起起伏伏的人生经历和百折不挠的曼巴精神，它们是那么的珍贵和值得回忆。同时，还要感谢粉丝、客户与学员，正是由于他们在文案学习方面的求知若渴，成为了我不断前行的动力，促使我不断创新，不断完善课程体系。

由于我知识有限，在本书中难免出现疏漏和不足之处，请告知我，我会不断改进，争取拿出一个更好的版本给大家。如果您觉得本书的方法简单、实用、有效，请拍照推荐给朋友。

最后，期待您的文案作品，祝愿您更加成功！

黄成南：专注营销型文案